OHSAMA BUNKO

ジブリアニメを心理分析

清田予紀

三笠書房

はじめに――ジブリアニメを「心理学のめがね」を通して見てみると――

ジブリアニメは「魔法の王国」だな、とつくづく思います。

どの作品も始まった途端《とたん》、めくるめく世界が待ち構えていて、私たちのハートをギュッとわしづかみにしてしまいます。そして、ハラハラドキドキするのはもちろん、時には切なく、時にはほっこり、そして胸をジーンと熱くもしてくれます。

なによりふしぎなのは、何度観返しても新たな発見、新たな感動があることです。**ラビリンス（迷宮）のように奥が深い**のです。

それも「魔法の王国」ゆえでしょうか。

まずなんと言っても印象的なのは、それぞれの物語で大活躍する「少女たち」。『となりのトトロ』のサツキとメイ、『魔女の宅急便』のキキ、『千と千尋の神隠し』の千尋、『風の谷のナウシカ』のナウシカなど――。まだあどけなさを残す、ひたむきな彼女たちの、心を突き動かすものは、なんなのか。

また、そんなヒロインを取り巻く人間模様も、ジブリアニメの大きな魅力です。『天空の城ラピュタ』のシータとパズー、『もののけ姫』のサンとアシタカ、『紅の豚』のポルコとジーナ、『ハウルの動く城』のハウルとソフィー、『千と千尋の神隠し』の千尋とハクなど、「気になる二人のその後」は、いったいどうなっているのでしょうか。

さらには、『ラピュタ』のムスカやドーラ。『ナウシカ』のクシャナとクロトワ。『もののけ姫』のエボシとジコ坊。『千と千尋』の湯婆婆《ユバーバ》やカオナシなど、物語に「深み」を添えるキャラクターも続々と登場します。

敵役《かたき》でもある彼らが、どこか憎めないのは、やはり彼らにふしぎな魅力と、そして魔力があるからでしょう。

本書は、そんな**ふしぎで魅力あふれるジブリアニメの世界を「心理学」というめがねを通して見てみる**ならば、「どんなふうに見えるのだろう」「どんな新たな発見があるだろう」という期待と好奇心から生まれたものです。

人間の「心のふしぎ」を解明するのが心理学。ならば、「ジブリアニメのふしぎ」を解明するのにも役立つのではないか……。

ジブリアニメの世界はとんでもなく奥が深く、探っていくのにひと苦労もふた苦労もしましたが、新鮮な驚き、新鮮な発見があったのは確かです。

その驚きや発見を是非、ジブリアニメのファンはもちろん、これから観ようと思っている方にも味わっていただきたいと思い、筆をとりました。

嬉しいことに、ジブリ作品はその人気ゆえに何度となくテレビでも放映されます。この本をそのお伴にしていただければ幸いです。

清田予紀

Contents

2章 物語に「深み」を添える敵《かたき》役たち

3章

なぜ、あのシーンは心に残るのか？

4章

彼らの「存在感」はどこからくるのか？

5章 その「ファンタジー世界」を心理分析してみると……

1章

なぜ、ジブリの少女たちに惹かれてしまうのか

十三歳の魔女・キキの黒いワンピース

魔女になる修行中とはいえ、**キキ**は十三歳。恋にもオシャレにも興味津々《しんしん》なお年頃の女の子です。

そんなキキにひと目惚《ぼ》れしたのが**トンボ**という少年でした。トンボはキキと仲よくなるきっかけが欲しくて、彼女にパーティへの招待状を手渡します。

でも招待状を手にしたキキは困惑顔。魅力的なお誘いではあるものの、キキは着たきりスズメで、身に着けているのは地味な黒いワンピースだけ。パーティに着ていくようなオシャレ服の持ち合わせがなかったからです。

そんなキキの悩みを耳にしたパン屋の女主人おソノさんの口から出たのが、次のような言葉でした。

「あらっ　そんなこと気にしてるの
それ　とってもいいよ
黒は女を美しく見せるんだから」

それを聞いたキキの安堵《あんど》の表情が、とても印象的なシーンです。

「黒は女を美しく見せるんだから」の『ラベリング効果』

それだけおソノさんの言葉には説得力があったわけですが、その秘密は『ラベリング効果』という心理学用語が鍵を握《にぎ》っていそうです。

これは、「あなたって○○な人だよね」と、**さも相手にラベルを貼《は》るように断**

定して言うと、相手が言われた通りに考えたり行動したりしてしまう心理を表わした言葉です。

あなたにも「あなたって血液型が○○だから△△なのね」と言われて、思わず納得したといった経験があるのでは？

特に、その言葉を発した相手が信頼できる人だったり、影響力のある人だったりすると、ラベリングの効き目は抜群です。

キキも信頼するおソノさんの言葉だったからこそ、「黒は女を美しく見せるんだから」という言葉に納得もし、それを着ている自分にちょっぴりだけど自信も持てるようになったのでしょうね。

それに**色彩心理学的にも、黒は気持ちを引き締める効果**があり、フォーマルな場にふさわしい色でもあります。また、気持ちだけでなく見た目も引き締める効果があるので、スマートにも見えます。おソノさんが言うように「黒は女を美しく見せる」色であることも確かでしょう。

つまり、おソノさんの言葉には、二重に説得力があったということです。

千尋がハクの名前を思い出せた「意外な理由」

アカデミー賞を受賞し、ジブリ作品を世界に知らしめた『千と千尋の神隠し』。主人公の**千尋**は、森の中のふしぎなトンネルを通って、両親と共に異世界に迷い込みます。そこで、おかっぱ頭の中性的な少年**ハク**に出会い、神々が骨休めに訪れる大浴場の湯屋《ゆや》で働くことになります。

湯屋を取りしきる湯婆婆《ユバーバ》は、強欲で押しの強い二頭身の魔女。その湯婆婆には、銭婆《ゼニーバ》という双子の姉がいます。銭婆は、見た目から声（夏木マリ）まで湯婆婆とそっくり。でも、性格は正反対といってもいいぐらい違っていて、優しく落ち着きがあり、千尋を励ますなど寛大で温かい一面もあります。

物語の後半、千尋は正体不明のカオナシと一緒に、海の上を走るふしぎな電車に乗って銭婆を訪ね、ハクが盗んだ銭婆の「魔女の契約印」を返しました。

千尋にお茶をふるまいながら、銭婆は「助けてあげたいけど、両親のことも、ボーイフレンドの龍のことも自分でやるしかない」と千尋に話します。それを聞いた千尋は、「ハクと以前、会ったことがあるみたい」と打ち明けるのですが、それに対する銭婆の回答が、こんな言葉だったのです。

「一度あったことは忘れないものさ　思い出せないだけで」

脳の中の『自伝的記憶』とは?

そもそも、人の記憶というものは曖昧《あいまい》なものです。ドイツの心理学者エビングハウスによると、脳は、一時間で記憶したことの半分、一日では約七割も忘れるようにできているといいます。

人にとって〝忘れる〟ことは日常茶《さ》飯事《はんじ》なのです。なにしろ、記憶に関する研究者であるエビングハウス自身が「人間は忘れる生き物である」という言葉を残しているほどなのですから。

しかも、〝忘れる〟ことは、新たになにかを記憶するためにも必要なのです。

人の脳には、毎日膨大な量の情報が入ってきます。それをすべて記憶していては、どんな人でも容量オーバーでパンクしてしまいます。

でも、いくら人が忘れる生き物だからといっても、「絶対覚えておきたい記憶」だってありますよね。それが思い出せないとなると、千尋みたいに悩むことになってしまいます。

『自伝的記憶』という心理学用語があります。これは、**過去の記憶の中でも、その人にとって特別重要な意味を持ち、自分自身のアイデンティティを形作るような記憶**のことを指す用語です。

千尋にとっては、「ハクとの出会いの記憶」がそれに当たるのでしょう。それが思い出せないのですから、もどかしく、苦しいわけです。

その瞬間、千尋の脳裏にフラッシュしたことは?

では、『自伝的記憶』を思い出すには、どうしたらいいのでしょう。

一つの手立ては、『プルースト効果』を使うという方法です。

例えばあなたは、ある香水の匂いを嗅《か》いだとき、別に思い出したくもないのに、ある特定の人のことを思い出してしまった、という経験はないでしょうか。

実は、**嗅覚《きゅうかく》への刺激は、それにまつわる記憶や感情を強烈に呼び覚ます**力があることがわかっているのです。

ちなみに、プルーストとは、フランスの作家マルセル・プルーストのこと。その著作『失われた時を求めて』の中で、主人公が紅茶に浸《ひた》したマドレーヌの香りを嗅いだ途端に、忘れていた幼少期の記憶を思い出すシーンがあり、そこから

『プルースト効果』という用語が誕生したのです。

物語のラストで、千尋はハクの本当の名前が「ニギハヤミコハクヌシ」であることを思い出します。ハクは、千尋が以前、住んでいた町に流れていたコハク川の主《あるじ》である龍神だったのですね。とっても印象的なシーンです。

もしかしたら、それには『プルースト効果』が働いたのかも。

というのも、思い出す前、千尋は龍に姿を変えて空を飛ぶハクの背中にしっかりとしがみついていたからです。

きっと「ハクの匂い」を思い切り嗅いでいたはずです。だからこそ、千尋はハクの名前（コハク川）と、川に落ちた自分を助けようと浅瀬まで運んでくれたことを思い出したのではないか――。

筆者はそう思うのですが、さて、真相はいかに。

トウモロコシを抱えて健気に走るメイの頭の中

「今度の土曜日 お母さん 帰ってくんの」
「メイのおふとんで いっしょに寝るんだよ！」

『となりのトトロ』の**サツキ**と**メイ**が、隣のおばあちゃんの畑で収穫したばかりのキュウリを頬張りながら言うシーン、とても印象的です。二人とも嬉しさで笑顔がこぼれんばかり。

そんな二人から笑顔が消えたのは、七国山《しちこくやま》にある病院から電報が届いたから。

なんと母親が急に体調を崩して、病院からの一時帰宅が延期になったのでした。
二人は不安でいっぱいになります。以前にも同じようなことがあったからです。

「お母さん　死んじゃったらどうしよう！」

それまで気丈《きじょう》に振る舞っていた姉のサツキが大声をあげて泣き出したのを見て、妹のメイはおばあちゃんにもらったトウモロコシを胸に抱えて走り出します。
メイの耳には、おばあちゃんの言った言葉がまだ残っていたからです。

「ばあちゃんの畑のもん食べりゃ　すぐ元気になっちゃうよォ」

トウモロコシを食べれば、お母さんは元気になる。そうしたら、家に戻ってくる。メイはそう信じて、トウモロコシを病院へ届けようと決心したのです。
でも、メイは病院がどこにあるか知りませんし、おばあちゃんによると病院までは「大人の足でも三時間かかる」といいます。なのに、メイはまだ四歳なのです。メイがいなくなったことを知ったサツキたちは慌《あわ》てて行方《ゆくえ》を探しますが、どこにもメイの姿はありません。

途方に暮れたサツキを救ってくれたのがトトロだったのは、ご存じの通り。トトロは呼び寄せたネコバスにサツキを乗せるのですが、ネコバスは猛スピードで駆け出し、メイを探し出してくれました。そして、二人をお母さんが入院している病院まで送り届けてくれます。

その間、メイはずっとトウモロコシを抱えたままでしたから、トウモロコシの実がふやけてしまわないか心配になるほどでした。

トウモロコシは「メイの不安の象徴」

実は、メイがトウモロコシを手放せなかったのには理由があります。それほど**不安だった**からです。

人は、不安になると、物、例えばカバンなどを抱えたくなります。それは弱点である胸や腹部を隠すための無意識の行為なのです。もしカバンがなければ、腕を組んで自分を防御します。

腕組みをしている人は、なんだか偉そうに見えますよね。でも、実は腕組みは防御の姿勢なので、内心ではその場の雰囲気に馴染《なじ》めずに緊張している可能性があるということです。

よくカバンを抱えたまま、おしゃべりする人を見かけますが、それも同じ理由です。

このように、**人は言語（バーバル）だけでなく、仕草などの非言語（ノンバーバル）でも、気持ちを伝えている**のです。

メイはお母さんに会いに行こうとして、結局、迷子になってしまいました。日もどんどん暮れてきますから、不安になって当然です。メイにとっては、**胸に抱えたトウモロコシだけが心の支え**だったんですね。

不安が消えたのは、ネコバスに病院までサツキと一緒に送ってもらい、病室の外の大きな木の上からお母さんの笑顔を見ることができたから。

談笑するお父さんとお母さんを、サツキとメイがネコバスと一緒に木の上から眺めています。

「いま そこの松の木でサツキとメイが笑ったように見えたの」というお母さんの言葉を受けて、お父さんが外を見ると、窓ぎわにトウモロコシが置いてありました。そこには「おかあさんへ」と、メッセージが彫られていて……。

現実には、あり得ないシーンではあります。実際は、誰か知らない人が置いたトウモロコシだったのかも。その表面に文字が刻まれているように見えたのは、『パレイドリア現象』、つまり目の錯覚《さっかく》だったとも考えられます。例えば、天井の木目の模様が幽霊やお化けに見えたりするのは、その現象のせいです。

でも、ここはそんな解説は無粋《ぶすい》ですし、不要ですよね。素敵なファンタジーの世界に身をゆだねて、思い切りほっこりしたいですもの。

なぜ「ナウシカの言葉」は心に染み入るのか

『風の谷のナウシカ』の**ナウシカ**たちが住む〝風の谷〟は、海から吹く風のおかげで腐海《ふかい》の毒から守られています。

けれど、その大気は完全に浄化されているわけではなく、じわじわと、けれど確実に〝風の谷〟に住む人々の肉体を蝕《むしば》んでいるようなのです。

ナウシカの父ジルは病に臥《ふ》していましたし、働き者の老人たちの手の皮膚は、石のように硬くなりつつありました。

そんな〝風の谷〟は、ある日、皇女クシャナ率いるトルメキア帝国軍によって

占拠されてしまいます。「人質」として囚《とら》われの身となった〝風の谷〟の老人の口から出た言葉に、

「じゃが わしらの姫さまは この手を好きだと言うてくれる働き者のきれいな手だと言うてくれましたわい」

というのがあります。

「わしらの姫さま」というのは、もちろんナウシカのこと。

腐海のほとりという過酷な環境で生活を営む老人たちは、日々石化していく手のことを「自分たちの宿命」と思い、半ば諦《あきら》めて暮らしていたのだと思います。それをナウシカは「好きだ」と言ってくれたのです。しかも「働き者のきれいな手」だと最大級の讃辞まで添えて。

そう言われて喜ばない人がいるとしたら、それはよほどのひねくれ者でしょう。

「隠れた美点」を見つけてもらうと、人は感激する

心理学に『自己確認欲求』と『自己拡大欲求』という用語があります。

人には「自分を認知したい」という『自己認知欲求』というものがあります。それには二種類あって、それが『自己確認欲求』と『自己拡大欲求』なのです。

『自己確認欲求』は、「自分が知っている自分を確認したい」という欲求。例えば、自分の見た目、性格、強み・弱みなど、どれも自分が知っている自分です。

それに対して『自己拡大欲求』は、「自分が知らない自分を見つけたい」という欲求です。例えば、自分では根暗《ねくら》な人間だと思っていたけど、「君って、意外と明るい人だね」と言われて、「新たな自分の一面」を知ることができたとか。自分では意識していなかったけれど、「食べ方がきれい」だと人に言われて初めて気づいたといったようなことです。

さて、ではどちらの欲求が満たされたほうが人は嬉しいでしょう。

もちろん、後者ですよね。同じ褒《ほ》められるにしても、自分が気づいていなかったことを褒められるほうが嬉しいに決まっています。その分、余計に承認欲求がくすぐられるからです。

ナウシカは、老人たちの次第に自由の効かなくなっていく手を、逆に「好きだ」と言ってくれた。しかも「働き者のきれいな手」だと、自分たちが思ってもみない褒め方をしてくれた。だからこそ感激したのでしょうね。

そして、「さすがわしらの姫さまじゃ。そんじょそこらの姫さまとは格が違う」と、ますます敬愛の念を深めたのだと思います。

あなたも人を褒めるのなら、ナウシカを見習いましょう。

ナウシカのように、「相手の気づかない一面」を見つけて褒めるのです。褒められた人は、たとえポーカーフェイスを装っていたとしても、内心では大喜びしているはずですから。

美貌・知性・度量を兼ね備えたクシャナとエボシ

『風の谷のナウシカ』と『もののけ姫』には、似ている点がいくつもあります。

まず、『風の谷のナウシカ』のナウシカと、『もののけ姫』の主人公・サンの二人は、十六歳と十五歳で、ほぼ同世代です。そして、「自然を守ろう」とするその姿勢も似ています。

その二人に思いを寄せるアスベルとアシタカも、十六歳と十七歳で、同世代。

また、自然界の守護神のような王蟲《オーム》と、白い猪神《いのししがみ》の乙事主《おっことぬし》の猪突猛進《ちょとつもうしん》ぶりも、似ている気がします。

そして二作品のキャラクターの中でも特に似ていると筆者が感じるのが、自然を人間が生きやすいように改造しようとする、**「トルメキア帝国軍の司令官クシャナ」**と**「タタラ場を率いているエボシ」**です。

この二人は、そのクールな美貌《びぼう》をはじめとして、性格や行動パターンまでが双子のようにそっくりです。年齢も、どちらも二十五歳前後でしょうか。世界を手中にするための武器として、クシャナは「巨神兵《きょしんへい》」を復活させようとしますし、エボシは強力な「石火矢《いしびや》」を完成させようとします。

おまけに、自然に歯向かった報いとして二人とも腕（クシャナは左腕、エボシは右腕）を失うという不幸にも見舞われています。

性格は、二人とも冷静沈着にして剛胆《ごうたん》であり、口から出る言葉は時に苛烈《かれつ》です。

「腐海を焼き 蟲《むし》を殺し 人間の世界を取り戻すに なにをためらう！」（クシャナ）

「神殺しがいかなるものか

シシ神は死をも司《つかさど》る神だ
怯《おび》えて後《おく》れをとるな」（エボシ）

一方で、クシャナは敵である立場のユパの諫言《かんげん》に道理を感じて、兵に命じて刀を引かせる度量がありますし、エボシもよそ者であるアシタカの資質をひと目で見抜き、客人として迎え入れました。

そんな二人だからこそ、部下も信じて付き従うのでしょう。つまり、リーダーとしての資質も十分に持ち合わせているということです。

なぜ、二人は人望を集めるのか

組織に属する人材の割合として、『二：六：二の法則』と呼ばれるものがあるのをご存じでしょうか。どんな組織や会社でも、**優秀で仕事のできる人は全体の二割であり、六割は平凡で人並みの能力の人、残りの二割は仕事に対して消極的**

な人で占められている、といわれるものです。

どんな組織であれ、人をまとめていくのは簡単ではありません。

では、優秀なリーダーには、どんな資質が求められるのでしょう。

スタンフォード大学の心理学者で、『スタンフォード式 最高のリーダーシップ』（サンマーク出版）の著者である、スティーヴン・マーフィ重松博士は次のようなポイントを挙げています。

あなたも五点満点で自己採点してみましょう。さて、あなたのポイントはどれくらいになるでしょうか。

①自信（自尊感情）があり、息の長いリーダーシップを発揮できる人
②聞く耳を持ち、部下に信頼される人
③自分の意見やアイデアを、しっかりと主張できる人
④誠実な人
⑤部下を責めない人

⑥責任感のある人
⑦「チームに必要とされている」と感じられる人
⑧難しいメンバーともうまくやっていける人
⑨なにを期待されているかを理解し、実行できる人

筆者の採点によると、クシャナもエボシも四十四点（四十五点満点）と高得点で、リーダーとしての資質を十分に備えているようです。それもあって、ジブリファンの間でも、二人の人気が高いのだと思われます。

ソフィーが「老婆の姿」をあっさりと受け入れたワケ

ソフィー・ハッターは、『ハウルの動く城』に登場する十八歳の少女です。父親の残した帽子店で働いていました。

慎《つつ》ましいけれど、清楚《せいそ》な美しさを持つ彼女は、ある日、道中でナンパにあって困っていたところを、主人公のハウルに助けられました。そんな彼に心を奪われ、半ば放心状態のソフィー。

ところが、ハウルと関わりを持ったために、彼を追う荒地の魔女に目をつけられることに。ソフィーは魔女に呪《のろ》いをかけられて、一瞬にして九十歳の老婆へと姿を変えられてしまうのでした。

「ま……　年を取っていいことは　驚かなくなることね」

これは、町を出て、行く当てを失っていたソフィーが、ハウルの動く城に初めて入ったときに口にした言葉です。

真っ暗な中で、見えるのは暖炉《だんろ》の炎だけ。とても薄気味悪い場所です。なのに、ソフィーは山登りをした疲れもあったのか、炎に当たりながらうたた寝を始める始末。

しかも、火の悪魔カルシファーがおしゃべりを始めても、それほど驚くふうでもありません。年を取ると、それだけ経験値も増えますから、滅多なことでは驚かなくなるのでしょうね。

ただ、ソフィーの場合は即席でおばあさんになってしまったので、驚かなかったのは、疲れでよほど感覚が鈍《にぶ》っていたせいかもしれません。

それと、恐怖心より好奇心のほうが勝っていたせいもありそうです。というのも、おばあさんになってからというもの、ソフィーは外見と同じくらい内面も大きく変化してしまったからです。

荒地の魔女の呪いにかかる前のソフィーは、とにかく地味な女の子でした。石橋を叩いて渡るような慎重《しんちょう》な性格で、自分に自信がないせいか人前に出ることを好まず、父親の残した帽子店を守ることに生き甲斐《がい》を見出そうとする健気《けなげ》な性格の持ち主だったのです。

「魔女の呪い」がソフィーを『劣等感』から解放した

『劣等感』という言葉を世に浸透《しんとう》させたのは心理学者のアルフレッド・アドラーですが、ソフィーはまさに『劣等感』のかたまりのような女の子だったように思われます。

強い『劣等感』を持つ人の特徴の一つは、物事をネガティブに考えやすいことです。自分が今までしてきたことに自信が持てないので、未来の自分のこともネガティブに考えてしまいます。そして、人生を楽しんでいる人を見ると、自分と比較してさらに落ち込んでしまいます。

また、完璧を求めながら、それができない自分に、自分でダメ出しをしてしまいがちです。自分の思い描いた理想と自分とを比べて、なにをやっても完璧にできない自分に気づいて、また落ち込むのです。

その結果として、どうせできないと思われることには手を出さず、なるべく傷つかない選択をして生きていくようになります。もし、町でハウルに出会わなかったら、ソフィーはそんな生活をずっと続けていたのかもしれません。

ところが、**ソフィーはハウルと運命の出会いをし、荒地の魔女の呪いでおばあさんにされてしまいますが、その結果として、「それまでの自分」から解放されたのです。**

ソフィーが心の奥底に封印していた欲求

おばあさんになる前のソフィーは、正直いって〝若さ〟を持て余していました。十八歳だったら誰もがやりそうなこと、例えば「恋愛」や「友人たちとの交流」、はたまた「冒険旅行」など、そうした青春時代を飾るエピソードとは無縁の生活を送っていたソフィーにとって、十八歳という年齢は重荷でしかなかったのでしょう。

その重荷が、おばあさんになることで一気になくなってしまったのです。身軽になったソフィーは、それまで**心の奥底に封印していた欲求**を表に出せるようになりました。

住み慣れた町を捨てて冒険ともいえる旅に出られたのも、好奇心に逆らわずハウルの城に入れたのも、「心の封印」が解かれたおかげだったと考えられるのです。

アドラー心理学では、『劣等感』の克服法として、**「不完全な自分を認める」**ことが提唱されています。

今の「不完全な自分」を認めて好きになり、それでも「成長しようと思う自分」も認めて好きになり、少しでも成長したらそれを認める。そうすれば、『劣等感』はいつか克服できるものだとアドラーは言います。

ソフィーの「ま…… 年を取っていいことは 驚かなくなることね」というつぶやきも、年を取った自分を認め、またそれを好ましく思った証拠でした。つまり、ハウルの城に入った時点で、ソフィーは早くも『劣等感』を克服し始めたということ。

それが魔法という呪縛《じゅばく》を解くきっかけとなり、物語のハッピーエンドにもつながっていったのでしょう。

もし、あなたにも『劣等感』があるとしたら、ソフィーのように「不完全な自分を認める」ことから始めてみませんか。

Column

なぜジブリアニメの少女たちは印象的なのか？

『となりのトトロ』のサッキ　十二歳
『魔女の宅急便』のキキ　十三歳
『千と千尋の神隠し』の千尋　十歳

ジブリアニメの主人公は、いわゆる〝思春期〟の女の子が多いのが特徴の一つです。

思春期は、子どもから大人へと、心と身体が急激に変化していく時期です。女の子は、女性ホルモンの分泌《ぶんぴつ》により女性らしい身体へと変化していきますし、精神的にもぐっと大人びていきます。

その点、男の子は身体は成長しても心はそれに追いつかず、精神的にはまだまだ幼稚な子が多いのが特徴です。

思春期の少女には「ドラマチックなこと」がつきもの？

思春期は〝疾風怒濤《しっぷうどとう》の時期〟とも〝嵐の時期〟とも表現されます。それほど自分の心や身体に起こる急激な変化を体験し、それを受け止めなければならない時期であるということ。

それだけに、**思春期はドラマチックなことが起きやすい**のは事実です。

初恋を経験する子もいるでしょうし、オシャレに目覚める子もいるでしょう。中には、いじめ問題に直面してしまう子もいるかもしれません。

また、精神的に不安定になり、イライラして親に反抗するようになる子も出てきます。いわゆる反抗期というものです。女の子は同世代の男の子より心と身体の成長が早いですから、その傾向にはより拍車がかかります。

「思春期にはドラマチックなことが起きる」ということは、それだけ山あり谷ありの波瀾万丈《はらんばんじょう》なドラマの台本も作りやすいということです。

しかも、それを観る側も、自分が経験してきたことが描かれているので共感も覚えやすい。そのため、「思春期の子どもを主人公にしたドラマは大ヒットしやすい」と、昔から言われているそうです。

それだけでも、ジブリアニメの主人公に思春期の女の子が多いのも頷《うなず》ける気がしてきますよね。

だから「何度でも観たく」なる

また、思春期は「自立の準備」を始める時期でもあります。

思春期は自分を意識する自己意識が芽生《めば》える時期です。自分で考え、自分の意思で判断するようになっていくわけです。

親に守られているだけの立場から、**心理的に一歩外へ踏み出す時期**だということ。

いわゆる〝親離れ〟が始まる時期なんですね。

『となりのトトロ』のサツキは母親が入院しているため、余計に自立心が高まっていますし、『魔女の宅急便』のキキは自ら自立の道を歩み始めます。『千と千尋の神隠し』の千尋は親離れをするにはまだ早い年齢ですが、引っ越しと転校という子どもにとっての大事件を経験することで、一気に自立心が芽生えてしまったようです。

ジブリアニメは、そうした**思春期の女の子の変化していく姿をドラマチックに描いてみせてくれる**からこそ、多くのファンのハートをガッチリつかんでしまうのでしょうね。

2
章

物語に「深み」を添える敵役《かたき》たち

パズーを懐柔できなかったムスカの「誤算」

海賊がいきなり主人公の少女**シータ**の乗った飛行船に来襲するという大活劇から物語が始まる『天空の城ラピュタ』は、アクションやスペクタクル（壮大な見せ場）の連続で、観客の目はスクリーンに釘《くぎ》づけになってしまう作品です。

運命的な出会いをした少年**パズー**と、ラピュタ王国の末裔《まつえい》であるシータも、休んでいる暇はありません。政府の密命によって飛行石《ひこうせき》を探索《たんさく》する任務を帯びたムスカ率いる軍隊と、ドーラ率いる海賊の両方から追われて、逃げる逃げる。

でも、ついにはムスカに捕まってしまいます。

ムスカは人心掌握術《しょうあくじゅつ》に長《た》けた男。 シータを自分の思い通りに動かし、従わせるために一計を案じます。

それは、シータの「パズーへの思い」を利用したものでした。パズーの身の安全を保証して解放する代わりに、自分に従えと脅したのです。

その交換条件に泣く泣く従ったシータは、パズーに別れを告げます。シータの急な心変わりが信じられないパズーはシータの後を追おうとしますが、ムスカがそれを制してこう言い放ちます。

「君も男なら　聞きわけたまえ」

男としてのプライドを刺激する言葉で、パズーも一瞬ひるんでしまいます。

そして、「これはわずかだが心ばかりのお礼だ」と言って、パズーの手に数枚の金貨を握らせたのです。ムスカって、本当に憎たらしい男だなと思います。

ジブリアニメには印象的な悪役が何人も登場しますが、**徹頭徹尾〝悪〟を演じ**

ているのはムスカだけではないでしょうか。

ちなみに、アメリカの心理学者ジョージ・サイモンは、ムスカのように人心を掌握して何らかの利益を得ようとする厄介者を『マニピュレーター』と定義しています（マニピュレートには、「人や世論を操《あやつ》る」という意味があります）。

「いい気になっていた」ムスカに一撃の『皮肉なリバウンド効果』

肩を落として村へ帰ってきたパズーでしたが、どうしてもシータのことが忘れられません。忘れようとすればするほど、余計に想いが募《つの》ってしまうのです。

そうした心理を『皮肉なリバウンド効果』といいます。

あることを思い出さないように、考えないようにすればするほど、かえってそれを意識して思い出してしまい、考えてしまうようになるのです。

あることに対して「思考抑制」がなされると、皮肉なことにむしろそのことで頭がいっぱいになってしまうのです。

これは、アメリカのトリニティ大学で一九八七年に行なわれた実験によっても明らかにされています。

実験の指揮をしたダニエル・ウェグナー博士は、学生たちにこう指示を出しました。

「これから五分間、シロクマのことを考えないようにしてください」

他のことはなにを考えてもいいけれど、シロクマのことだけは考えてはいけないというのです。

ところが、案の定、「考えてはいけない」と思えば思うほど、頭からシロクマのことが離れなくなってしまった学生が続出しました。

この実験から名づけられたのが『皮肉なリバウンド効果』だったのです。

パズーにも、まさしくこの効果が表われてしまったということ。

人心掌握術に長けたムスカも、そこまでは読めなかったようです。人の心って、そう簡単に掌握できるものではないということですね。

この後、パズーは家で待ち構えていたドーラ率いる海賊団の船に乗せてもらい、シータを救出するべく、また旅立つことになります。いい気になっていたムスカにとっては、まさに『皮肉なリバウンド効果』となったわけです。

どちらが腹黒い⁉ 参謀クロトワとジコ坊

「賢」という漢字は、訓読みすると「かしこい」と発音しますが、他に「さかしい」という読み方もあります。

「かしこい」だと、「頭の働きが鋭く、知能が高い」「利口だ」という意味に取れますが、「さかしい」だと、「抜け目がなくて、生意気《なまいき》だ」「ずる賢い」というネガティブな意味が付加されます。

ジブリアニメには、そうした「かしこさ」と「さかしさ」を併《あわ》せ持ったキャラクターがよく登場します。

そのひとりが『風の谷のナウシカ』で、クシャナの参謀《さんぼう》として登場する**クロトワ**です。

平民の出でありながら、若くして（意外にも二十七歳！）王族の一員である司令官・クシャナの右腕にまで出世しているのですから、かなり有能な人物だと思われます。実際、クシャナも彼の優秀さは十分に認めています。相当「かしこい」男なのです。

その一方で、クシャナに代わって自分が権力を手に入れられないかと、その機会を虎視眈々《こしたんたん》と窺《うかが》っています。まさに「さかしい」男なのです。

もっとも、クシャナはその野心を見抜いた上で、この男をそばに置いています。プラス・マイナスで考えると、今はプラスのほうが大きいと冷徹《れいてつ》に判断しているのでしょう。度量の大きさとしては、クロトワよりクシャナのほうが一枚も二枚も上手《うわて》ということです。

「酸いも甘いも噛み分けた者」たちの心理戦

そんなクロトワと同じニオイを感じるのが『もののけ姫』の**ジコ坊**です。

この人物、一見するといかにも人のよさそうな小太りの男です。生きていくための知識と経験が豊富で、料理の腕もいい。市場で不慣れな買い物に困っていた世間知らずのアシタカを、機転を利かせて助けてもくれました。相当「かしこい」男であることは確かです。

でも、それは表の顔。裏ではかなりの策略家であることがわかってきます。

ジコ坊が束《たば》ねる「唐傘連《からかされん》」という集団は、御門《みかど》の命《めい》を受けて、森の守り神で、不老不死の力があるとされる「シシ神の首」を狙っています。その目的達成のために、タタラ場の女頭領エボシをうまく利用しようと考えていたのです。

ただし、酸《す》いも甘いも噛み分けている点ではエボシも負けていません。だから、ジコ坊を信用はしていません。長年の宿敵である「もののけ姫」であるサンや、犬神《いぬがみ》のモロとの対決を有利にできるのなら、腹黒い男とも手を組む覚悟なのです。

「自分の利益」のためなら『印象操作』もお手のもの

クロトワは、クシャナから「フン　たぬきめ」と、そのずる賢さを見抜かれていますが、体形からするとクロトワはキツネで、ジコ坊がたぬきかもしれません。

二人の共通点は、したたかで、自分の利益のためなら人を化《ば》かすのも操るのも自在にやってのけるというところ。

心理学でいう『印象操作』が大得意なのです。

これは、**相手の抱く自分への印象を、自分にとって都合のいいものになるよう、情報の出し方や内容を操作する**ことをいいます。

例えば、次のようなものです。

『プライミング効果』

事前に与えられる情報によって、人は相手に対する見方を変えてしまいがちです。豊臣秀吉が「農民の出」であることを強調することで、織田信長に自分を特別視させることに成功したように、クロトワも自分が「平民の出」であることを強調することで、クシャナに「そのわりには、よくできるヤツだ」と思わせることに成功しています。それが『プライミング効果』というもの。

ジコ坊が「悪役のわりに憎めない」とジブリファンの間で人気なのも、事前にアシタカを助けるシーンがあるためだと思われます。

『ハロー効果』

ある人物や物を評価するとき、目立ちやすい特徴につられて他の部分まで評価が高まったり、逆に低くなったりする心理現象のこと。『後光効果』とも呼ばれています。

クロトワやジコ坊が、美しく能力の高いクシャナやエボシにつき従っているのは、彼女たちのおかげで自分たちまで周囲の人間に輝いているように見せることができるからかもしれません。「寄らば大樹《たいじゅ》の陰」ということです。

『セルフ・ハンディキャッピング』

たとえ失敗しても自尊心を保てるように、あらかじめ自分にはハンディキャップがあると主張したり、実際にハンディキャップを作り出してしまう心理をいいます。

クロトワとジコ坊は、「わたしは　いち軍人にすぎません」とか「やんごとなき方々や　師匠連《ししょうれん》の考え方は　わしにはわからん」と、自分を卑下《ひげ》することで、自分にはたいそうな野心はないことを、クシャナやエボシに示そうとしていました。それも相手を油断させるためだったのでしょう。

ただし、そうした『印象操作』は、クシャナとエボシには通用しませんでしたが。

『表情フィードバック仮説』

表情を作ることで顔の表情筋が刺激を受け、それが脳にフィードバックされると、自然とその表情に合った感情が生まれるというもの。クロトワもジコ坊も、いつも笑っている印象があります。それは、笑うことが得になることを知っているからでしょう。

笑えば、心にゆとりができます。そして、自分に敵意がないことをアピールでき、相手を油断させることができるのです。

クロトワやジコ坊に限らず、「腹黒い」「ずる賢い」「小賢しい」という印象を受ける人は、往々にしてこうした『印象操作』をやりがちです。

もっとも、こうした『印象操作』は、彼らのように腹に一物《いちもつ》ある人物だけの専売特許ではありません。上手に使えば、自分の魅力をアップさせることだってできます。〝物は使いよう〟ということです。

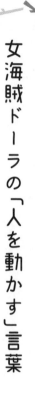

女海賊ドーラの「人を動かす」言葉

『天空の城ラピュタ』の主人公シータは、今はなきラピュタ王家の末裔です。そのシータと同じく、ラピュタ王家の末裔であり、ラピュタ王となり世界征服を目論《もくろ》むムスカは、シータの一族が受け継いできた「飛行石」を手に入れようと躍起になっています。

一方、「天から降ってきた」シータを助けた少年パズーは、ムスカの手から逃れるシータと行動を共にしますが、その途中で、**海賊の女船長ドーラ**が率いる一味に縛り上げられてしまいます。シータを助けに行きたくても、パズーは手も足も出ません。

そんなときです。ドーラが軍の無線を傍受《ぼうじゅ》して、シータを乗せた飛行戦艦ゴリアテがラピュタに向けて出発したことを知ります。

その後を追おうと、いきり立つドーラたち。それを見て、パズーが懇願《こんがん》します。


「おばさん ぼくを仲間に入れてくれないか シータを助けたいんだ」


一旦はそれを無視したドーラでしたが、しばし頭を巡らせて考えを変えます。シータを助けるためならなんでもするパズーを仲間に引き入れるほうが得策だと思ったのです。

そこでドーラが言い放った言葉が、

「四十秒で支度《したく》しな」

でした。

パズーはその指令を守り、テキパキと身支度をし、飼っていた鳩《はと》たちに別れを告げて、海賊団の船タイガーモス号に乗り込みます。

それにしても、なぜドーラは「四十秒」なんて中途半端な時間を指定したのでしょう。「一分」とか「十分」とかのほうが切りがいいし、時間も計りやすいのに。

意外性が肝の『ピークテクニック』とは？

その疑問には、ドーラがもし心理学をかじっていたら、こう答えたでしょう。

「なあに、ピークテクニックを使ったまでさ」

さて、『ピークテクニック』とはいかなるものか。

「ピーク」（pique）とは、「好奇心をそそる」という意味です。『ピークテクニック』とは、**意外性があり相手が興味を引くような提案や頼みごとをすると、相手がその提案や依頼を受け入れる確率が上がる**という心理的効果をいいます。

意外性のない「一分」や「十分」では興味を示さない相手も、「四十秒」と言われると中途半端な時間だけに、それが妙に頭に残り、「えっ、じゃあ、その時間に間に合わせなきゃ」となるわけです。

これは実験でも確かめられていて、道行く人に単に「お金をください」と頼むより、「三十七セントください」と半端な数字で頼んだほうが、より多くの人にお金を恵んでもらえたという結果が出ています。

頼まれた側が、「どうして三十七セントなのだろう？　これは、その金額に重大な意味があるに違いない」と思ってしまうからです。

ドーラは、女だてらに大筒《おおづつ》をぶっ放し、息子と子分たちをパワフルに引っ張っていく頭の切れる海千山千の女海賊。きっと直感的に「人を動かすコツ」を知り尽くしていたんでしょうね。

ちなみに、もし筆者がドーラなら、こう言うかもしれません。

「身支度はするんじゃない！」

そう言ってパズーをビックリさせてから、こう続けるのです。

「その代わり、自分に必要な物を三つだけ持ってきな」

そう言えば、『ピークテクニック』が働いて、パズーは目の色を変えて必要な三つを探し始めるのではないでしょうか。

荒地の魔女がソフィーにかけた呪いの謎

『ハウルの動く城』には謎がいっぱいあります。その中の一つが、荒地の魔女によって老婆にされてしまったソフィーが、どういうわけか時々、若返ってしまうことです。

その時々によって、十歳ぐらい若返ることもあれば、すっかり元の年齢に戻ることもあるから、ふしぎ。でも、呪いの効力が消えたわけではないようで、またすぐに老婆の姿に戻ってしまうのです。

呪いをかけた当人である荒地の魔女も「わたしは呪いはかけられるけど 解け

ない魔女なの」と言っていますから、彼女の仕業《しわざ》でもなさそうです。

考えられる理由は、**ソフィーは「老婆になる呪い」をかけられたのではなかったということでしょう。**

「外見も心の年齢通りの姿になる」魔法

思うに、荒地の魔女がかけたのは**「その人の心のありようが年齢になって表われる魔法」**だったのではないでしょうか。

実際、ソフィーは十八歳という花も恥じらう年齢であったのにもかかわらず、「わたし 長女だから」と、青春を謳歌《おうか》することもなく、父親の帽子店を継ごうとしていました。

その上、自分の容姿に自信が持てないせいか、化粧をすることも着飾ることもせず、ひとり店に引きこもって帽子作りにいそしむばかりの生活を送っていたのです。

心理学に『**自尊感情**』という言葉があります。これは、「自分には価値があり尊敬されるべき人間である」と思える感情のことです。

『自尊感情』の高い人は人生に前向きで、いろいろなことにチャレンジする意欲があります。でも、『自尊感情』の低い人は人生に臆病で、チャレンジしようとしてもすぐに諦めてしまう傾向があります。ソフィーは後者の女の子でした。

「チャレンジする意欲が低い」とは、心が若々しくない状態、とも言い換えられるでしょう。そして、ソフィーの心が若々しくない（老成している）のを見抜いた荒地の魔女は、**「外見も心の年齢通りの姿になる」ように呪いをかけた**のだと思われるのです。

だから、『自尊感情』が低いままだと老婆のままで、少し自信を取り戻して『自尊感情』がアップすると、心の年齢が下がり、外見も若返ったのではないでしょうか。

その変化がとてもよく表われたシーンがありました。

ソフィーがハウルに、色とりどりの花が咲き乱れる美しい草原に招待してもらったときのことです。ハウルに特別扱いしてもらったことで『自尊感情』が高まり、ソフィーはどんどん若くなっていきました。

ところが、「わたし きれいでもないし 掃除《そうじ》くらいしかできないから……」と、自虐《じぎゃく》的な物言いをした途端に、老婆の姿に戻ってしまったのです。

考えたことが現実化する『自己成就的予言』

実は、**「心のありよう」のせいで外見が変わってしまう**このような現象は、ファンタジーの世界だけの話ではありません。現実の世界でも起こるのです。

学生時代の同窓会で集まった面々の顔を見たとき、「年相応の人」も、「いつまでも若さを保っている人」も、「妙に老け込んでいる人」もいると実感することがあるでしょう。

たぶん、「妙に老け込んでいる人」は、「もう若くないから」とか「年だから」という言葉をよく口にする人だと思われます。

心理学用語に**『自己成就的予言』**というのがあります。たとえ根拠のない予言（思い込み）であっても、その人がそれを信じて口にしたり行動したりすることで、結果として予言（思い込み）通りの結果が作られる現象をいいます。

年齢以上に老け込んでいる人は、自ら〝老化時計〟を進ませているということ。若く見える人は、人生に前向きなので〝老化時計〟を進ませないどころか、逆戻りさせているのです。

ソフィーは物語の後半で、ちょっと頼りないハウルやカカシのカブ、ハウルの弟子マルクルや魔力を失った荒地の魔女たちを守るために、勇敢に行動します。すると、見た目もどんどん若々しくなり、ラストシーンでは、まさに花も恥じらう、輝くばかりの女性となって、ハウルと共に歩んでいくことが暗示されるのです。

「善悪で単純に割り切れない世界」を象徴するエボシ

「賢《さか》しらにわずかな不運を見せびらかすな」

これは、『もののけ姫』の中で、鉄を作るタタラ場の女頭領エボシがアシタカに向かって言い放った言葉です。今どきなかなか使うことのない「賢しらに」という言葉が印象に残りました。

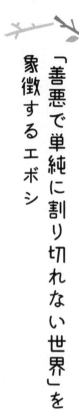

「わずかな不運」というのは、アシタカの「呪われた右腕」のこと。

アシタカは、自身が生まれ育ったエミシ一族の村を守ろうと、襲ってきたタタリ神に矢を放ち、その命を奪った代償として呪いをかけられてしまったのです。「もののけ姫」であるサンとエボシの決闘を止めようと、二人の間に割って入ったアシタカは、こう叫びました。

「(呪われたこの腕を) 見ろ　これが身内《みのうち》に巣食う憎しみと恨《うら》みの姿だ　肉を腐らせ死を呼び寄せる呪いだ　これ以上憎しみに身をゆだねるな」

しかし、エボシにしてみれば、アシタカの行為は無粋かつ無礼にも程がありました。せっかく宿敵であるサンを自分の手で亡き者にするチャンスが到来したのに、それに横やりを入れてきたのですから。

その上、説得するのに自分の不幸を引き合いに出すとは情けない。まるで同情してくれと言わんばかりではないか、と。

でも、潔く、正義感の強いアシタカには、そんなつもりは一切ありませんでした。なんとしても、サンとエボシ、どちらの命も救いたかったのです。

では、なぜエボシには、その気持ちがわからなかったのでしょう。

エボシに働いた『公正世界バイアス』の心理

「因果応報《いんがおうほう》」という四字熟語があります。これは、「前世やその人の過去の行ないが原因で、様々な結果を報いとして受けることがある」という仏教由来の言葉。

誰かに運の悪いことがあったとき、「前世でなにか悪いことでもしたんじゃないの」と、つい軽口をたたいたりすることがあります。

心理学にも『公正世界バイアス』という用語があります。ちょっと難しそうな用語ですが、わかりやすくいえば、「不幸な目にあう人には、その人にもそれなりの落ち度がある」という、因果応報的な考え方をしてしまう心理をいいます。

エボシにも、そうした心理が働いたのかもしれません。でも、そうした考え方は時に偏見や差別を生むことがあるので注意が必要です。

エボシは、サンの目から見れば自然を破壊し、人を殺《あや》める道具を作る許せない人物です。けれど、タタラ場の人たちから見れば「生きる希望」を与えてくれる頼りがいのある女性です。

「善悪で単純に割り切れない世界」で生きているのがエボシという人物。一筋縄ではいかない女性なのです。

そんな彼女に魅力を感じる人は多いのではないでしょうか。

湯婆婆の「名前を奪う魔法」の本当の恐ろしさ

森の中の奇妙なトンネルを通って、異世界へと迷い込んでしまった千尋は、ハクに導かれて大浴場の湯屋という館《やかた》に辿《たど》り着きます。そして、湯屋の主人、湯婆婆《ユバーバ》のところに出向き、自分を雇ってもらえるよう、頼み込みます。

千尋が「ここで働かせてください！」と何度も大声で叫ぶものですから、湯婆婆の溺愛《できあい》する息子の「坊《ぼう》」が目を覚まして泣き出してしまうほど。

はじめは千尋を雇うのを渋っていた湯婆婆でしたが、「ええい面倒だ」と言わんばかりに千尋に命じて契約書にサインをさせます。

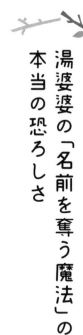

　でも、契約書に書かれた「荻野千尋《おぎの》」という名前を見た湯婆婆は、態度が一変。「贅沢《ぜいたく》な名だね」と言って、魔法で名前から〝荻野〟と〝尋〟の文字を消して、

「いまからお前の名前は千《せん》だ」

と勝手に宣言してしまうのです。

名前を奪われると「自己同一性」を保てない？

　実は、**「名前を奪って相手を支配する」**のは、湯婆婆のお決まりのやり方でした。このシーンを観たとき、筆者がすぐに思い浮かべたのが、今も語り草になっている恐ろしい心理実験のことです。

　その実験を行なったのは、スタンフォード大学のフィリップ・ジンバルドという心理学者で、**「スタンフォード監獄実験」**という名で知られています。

この実験は、「普通の人でも、置かれた地位や状況によって、その行動を変えてしまう」ことを証明するのが目的でした。

博士は新聞広告などを使って、報酬つきで大学生の被験者を集めました。結果、七十人ほどが集まり、そこから犯罪歴のある人や薬物乱用者を除き、簡単な心理テストを行なった上で、ごく普通の正常な大学生二十一名が被験者として選ばれたのです。彼らはコインを投げて、「看守役」と「囚人役《しゅうじん》」に分かれました。

囚人役になった学生たちは逮捕されるところから始まり、裸にされてシラミの除去剤を噴霧《ふんむ》され、そのままの姿で粗末なワンピースのような囚人服を渡され、足には重い鎖《くさり》までつけられました。そして、彼らは地下に造られた仮設の独房の中へ。

でも、そのあたりまでは囚人役の学生たちも陽気でした。学生たちの雰囲気が変わり始めたのは、囚人番号が割り振られ、名前で呼ぶことが禁止されたあたりから。

「名前」が「番号」になったことで、行動の自由だけでなく、自分のアイデンティティ（自己同一性）までが奪われたような気がしたのです。

一方、看守役の学生たちには制服と警棒、サングラスが配られました。そして、「体罰は絶対するな」と命ぜられました。ところが、その禁止事項がすぐに破られることになります。調子に乗った看守役たちが、面白がって囚人役に腕立て伏せやトイレ掃除をやらせるようになったのです。

そして、その体罰は日々激しく酷《ひど》くなり、当初は反抗していた囚人役の学生たちは抵抗もできなくなり、荒々しく番号で呼ばれるたびに震えて萎縮《いしゅく》してしまいました。

結果、十二日間の予定だった実験は、六日間で中止せざるを得なくなってしまったのです。囚人役の学生たちの精神が、それ以上持たなかったからです。

これは五十年前に行なわれた実験で、今なら倫理上も絶対に行なえないものです。

それでも、この実験から学べることはたくさんあります。
その一つは、**自己のアイデンティティを保つ名前の重要性**です。
湯婆婆はそれを知っていて、自分が支配したい者から名前を奪っていたのかも。
そう思うと、ちょっとどころか、相当恐ろしいですね。
千尋と同じように湯婆婆から名前を奪われたハクが、

「いつもは千でいて 本当の名前はしっかり隠しておくんだよ」

とアドバイスをくれたのは、本当の名前を忘れずに覚えておくことが「ふしぎの世界から脱出する鍵」であることを、身をもって知っていたからなのでしょう。

それに、ハクが自分の名前を思い出したシーンは、「目からうろこが落ちる」ではありませんが、龍（ハクは「ニギハヤミコハクヌシ」という名の龍神）のうろこがキラキラと光りながらはがれていき、「自分の名前を取り戻すことができた」喜びと晴れやかさに満ちていましたよね。

Column

女海賊ドーラは「影の主役」？

『天空の城ラピュタ』の女海賊ドーラというキャラクターは、飛び抜けて個性的です。この作品の「影の主役」といっても、いいぐらいです。それだけに、印象的で心にグッと迫るセリフをいくつも繰り出してきます。

例えば、次のような。

「宝はいらないとか　ラピュタの正体を確かめるとか
海賊船に乗るには動機が不純だよ」
「泣きごとなんか聞きたかないね

なんとかしな！」

「（パズーの勇敢なふるまいに）急に男になったねぇ」

その中でも、自分の息子たちの開いた口を塞《ふさ》がらないようにしてしまったのが、

「あたしの若い頃にそっくりだよ
お前たちも嫁にするんなら　ああいう娘にしな」

というセリフでした。

ドーラが「あたしの若い頃にそっくりだよ」と言ったのは、シータが自分を犠牲《ぎせい》にしてパズーを助けた、その心意気が若い頃の自分にそっくりだと思ったから。

その口ぶりは、「心意気だけでなく、若い頃は自分の容姿もシータにそ

っくりだった」と言いたげだったので、息子たちが怪訝《けげん》な表情になってしまったのです。

だもので、息子のひとりがつい言わずもがなの言葉を口にしてしまいます。

「へ？　ママのようになるの？　あの子」

ドーラは、さすがにそれには答えず、酒をあおって無視していましたが。

“自分を美化して回顧する力”も超一級？

まあ、ドーラがそうやって若き日の自分を懐《なつ》かしむのは、仕方のないことかもしれません。というのも、そうした心理を表わす心理学用語として『薔薇《ばら》色の回顧《かいこ》』というのがあるからです。

これは「認知バイアス」（人間なら誰もが持つ「思考の偏《かたよ》り」のこと）の一つで、文字通り、**過去のことを当時感じていたよりも美化して、まる**

で薔薇色だったかのように思い出すことをいいます。

そうしたことは、読者の方にも心当たりがあると思いますし、かく言う筆者にも確かにあります。

過去の記憶が美しく飾られるのには、次のような理由が考えられます。

◆人は、過去の悪い出来事は無意識に忘れようとしがち。そのため、相対的によい印象の記憶が残りやすい。

◆昔の自分と今の自分を比べれば、もちろん昔のほうが若く輝いていた。だから、その頃を余計に懐かしく思い出してしまう。

◆人は、自分が過去にしてきた選択や意思決定を肯定したい。そのため、過去の自分の行ないは、よいほうに意味づけしてしまう。

どれも納得の理由ですね。

しかし、ドーラは豪快でキップがよくて、物欲も金銭欲もあって、とにかくパワフル。自分にとって「都合がいい」ように美化して解釈するのも、一つの才能かもしれません。

それに、ドーラの寝室の壁に掛かっていた若き日の写真（肖像画？）を見ると、意外にも（失礼！）美しいのです。

なので、あながち本人は、過去の自分を美化したつもりはなかったのかもしれませんが……。

ちなみに、このドーラは、宮崎駿《はやお》監督の一番「思い入れが深い」キャラなんだとか。

3章

なぜ、あのシーンは心に残るのか？

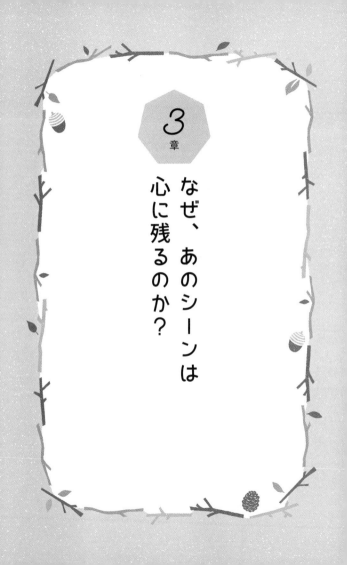

魔女のキキに少年トンボがひと目惚れしたワケ

『魔女の宅急便』は、十三歳の魔女**キキ**が、「十三歳になったら、家を出て一年間の修行をつむこと」という魔女のしきたりにのっとり、奮闘する物語です。

ひとり立ちするための町を探していたキキが思い描いていたのは、「海の見える大きな町」でした。

イメージしていたのとぴったりの町を見つけて、喜び勇んで空から舞い降りたキキ。そのとき、キキが自分に言い聞かせるように言ったセリフが、

「笑顔よ！　第一印象を大事にしなきゃ」

というもの。

キキが心にそう誓ったのは、お母さんのコキリからこんな言葉をもらっていたからでもあります。

「そんなに形にこだわらないの　大切なのは心よ
そして いつも笑顔を忘れずにね」

母でもあり魔女の大先輩でもあるコキリは、初めての町に降り立った自分の体験から、キキにこう言ったのでしょう。礼儀作法にのっとった堅苦しい挨拶《あいさつ》をするよりも、心からの笑顔を見せるほうが相手は好印象を持ってくれると、身をもって知っていたのかもしれません。

「笑顔よ！　第一印象を大事にしなきゃ」を心理分析

確かに、第一印象は大事です。それには、やはり笑顔が一番というわけです。

これを心理学では『初頭効果』といいます。

最初に見て感じた相手の印象は最も記憶に定着しやすく、その印象は後々までその人の評価に影響を与え続けることが、『初頭効果』の提唱者である心理学者ソロモン・アッシュによっても実証されています。

逆に言えば、最初の印象が悪いと、その後ずっと毛嫌いされてしまうかもしれないのですから、第一印象はいいに越したことはありません。


では、なぜ第一印象がいいと、後々までそれが影響するのでしょう。

それは『確証バイアス』が原因だとされています。

これは、**一度イメージが固定されてしまうと、自分が持っているイメージを補**

強する情報ばかりが目に入ってしまい、逆に否定的な情報が目に入らなくなる現象のことをいいます。

「この人は素敵な人だ」と思うと、その人の長所ばかりが目について、たまに相手が欠点をさらけ出しても無視してしまったり、「そういうところも人間味があって好き」と、逆に高評価を与えてしまったりすることがあります。

恋愛の初期は、たいていそう。実は、それも『確証バイアス』のなせるわざなのですね。

この『初頭効果』をもっと上手に働かせたいのであれば、前述した『ハロー効果』とセットで使うことです。

『ハロー効果』とは、ある人を評価するときに**「見た目」**や**「肩書」**といった、**その人の目立ちやすい特徴によって、評価内容が歪《ゆが》められてしまう「対人認知バイアス」**のことを指します。

例えば、同じ相手でも、医者のような白衣を着ているときに会った場合と、私服のときに会った場合では、相手の印象がまるで違ってきますし、こちらの態度も変わってしまいます。

『ハロー効果』は『後光効果』とも呼ばれていますが、白衣を着ているだけで後光がさしているように感じて、態度が改まってしまうんですね。

『初頭効果』と『ハロー効果』のダブルパンチ

この『ハロー効果』をまともにくらったのが、町に舞い降りたキキを目撃した少年**トンボ**でした。

大きな黒ぶちめがねと、赤と白のボーダーシャツが印象的なトンボは、空を飛ぶことに憧《あこが》れを持つ少年です。

そんなトンボの前に笑顔の可愛い少女が、魔女を象徴する黒服に身を包み、ほうきに乗って飛んできたのです。インパクトは十分で、これでひと目惚れをしないわけがありません。

なにしろ『初頭効果』と『ハロー効果』がダブルで働いてしまったのですから。

トンボはキキにいきなり馴《な》れ馴れしく話しかけたり、仲間と車を乗り回したりと、ちょっと軽率でお調子者な感じもする男の子ですが、それは彼の人なつっこい、愛嬌《あいきょう》あふれる性格あればこそ。だから、町でも人気者のようです。

また、自転車にプロペラをつけて空を飛ぼうと試みるなど、トンボはロマンあふれる少年です。キキのことを「マジョ子さーん！」と気さくに呼びかけ、キキにちょっと冷たくあしらわれてもめげません。

そうそう、「マメな人」の「マメ」って、漢字では「忠実」と書くってご存じでしょうか。トンボってその漢字の通り、「忠実《まめ》にがんばる男の子」なのです。そんな健気なトンボだからこそ、ジブリファンも後押ししたくなるのではないでしょうか。

サツキに意地悪してしまうカンタの心理

サツキとメイの家の隣に住む**カンタ**は、サツキが通い始めた小学校の同級生なのですが、女の子と接するのがどうも苦手というか、相手を意識し過ぎて言動がぎこちなくなってしまいがちな男の子です。

都会から引っ越してきたサツキに大いに関心がありますし、思春期の男の子らしく、サツキになんとなく好意も抱いています。

でも、そんな気持ちを相手に悟られるのが嫌で、かえって言動がぶっきらぼうになったり、意地悪をしたり……。

ついには、

「やーい　おまえん家《ち》
おっばけや〜しき〜」

という悪口まで口をついて出てきてしまいます。

「サツキへの好意」を知られたくないからこそ……

こうしたカンタの心理を、心理学では『反動形成』と呼んでいます。

これは、ジークムント・フロイトが提唱した『防衛機制』（175ページ参照）のうちの一つで、人は自分の本心を隠すために、本心とは裏腹の行動を取ってしまうことがあるということです。

あなたも、相手に対して好意を感じているのに、次のような行動を取った経験はないでしょうか。

「仲間の集まりで、その人をわざと無視して、他の人とばかり、おしゃべりしてしまった」
「せっかく話しかけてくれたのに、つっけんどんな態度を取ってしまった」
「友達に『あの子、変だよね』と悪口を言ってしまった」

どれも「相手を意識すればこそ」の行為です。そうした『**反動形成**』**が起こるのは、本人に恋をする準備ができていない証拠**です。

初恋の相手にこの『反動形成』がよく起こるのも、そのせいだと思われます。カンタもサツキが初恋の相手だったのかもしれませんね。

一般的に、『**反動形成**』**は好意を持っていることを周りの人に知られたくない心情が関係**しています。

特に、男の子は好意を持っている女の子に対して、そういった気持ちを出さないように、逃げたり攻撃したりすることが少なくありません。

でも、それで意地悪をしたり、素っ気ない態度を取ってしまったりすると、相手から誤解されてしまう結果になることが多く、せっかく芽生えかけた恋も実らなくなってしまいます。

心理学に**『悪意の返報性』**という用語がありますが、意地悪をされたら、そのお返しに意地悪をしたくなるのが心情です。サツキがカンタに「あっかんべー」とやり返したのも、致し方のないことでした。

でも、学校の帰りに、雨が降り出して、お地蔵さんのところで雨やどりをしていたサツキとメイに、自分の傘を差し出して逃げるように走り去るシーンでは、「カンタ、君もやるじゃない。がんばれ！」と思わず応援したくなりましたけどね。

もののけ姫の「アンビバレンスな心理」

『もののけ姫』は、「人と森は共存できるか」という重いテーマを扱った作品。犬神のモロに育てられた少女サンと、エミシ一族の長《おさ》になるべく教育を受けてきた誇り高い少年アシタカ、「タタラ場」をまとめるエボシと生命力旺盛《おうせい》な人々、そしてタタリ神やシシ神、コダマ（森の精霊）などが絡《から》み合う物語です。

物語のラストシーンで、サンはアシタカに、次のように伝えます。

「アシタカは好きだ

でも人間を許すことはできない」

サンは、アシタカのことを心から信頼していますし、また、憎からずも思っているようです。でも、森を破壊しようとする人間たちは、到底許すことのできない存在でした。その人間たちの一員でもあるアシタカとどう接すればいいのか、サンは答えが出せずにいるのです。

そうした心理を『アンビバレンス』と呼びます。この言葉はドイツ語の「アンビバレンツ」に由来していて、元々はスイスの精神科医オイゲン・ブロイラーが使い始めた用語です。

『アンビバレンス』は、サンのように二つの対立した思考や感情が、同時に心に存在することを意味します。そのような状態になると、自分でも自分の気持ちに確信が持てず、混乱してしまいがちです。

例えば、

「甘党でケーキが大好物だけど、太るから今は食べたくない。でもでも……」

「選手たちのファンだけど、チームの方針が気に入らないから応援できない」
「もう顔も見たくないけど、心のどこかで会いたいと思ってしまう」
といった心理状態を『アンビバレンス』というのです。

あまりにも心憎い「アシタカの提案」

人の心は、簡単に白黒つけられるほど単純ではありません。二つの相反する思いや感情を持ち合わせてしまうのは、至極当然のことです。それを無理に「どちらかに決めろ」と強要しても、強要された側は混乱しますし、時には反発もします。

その点では、『アンビバレンス』な心理が働いていたサンへのアシタカの対応は、心理学的に見ても合格点があげられますし、とても見事でした。

『アンビバレンス』状態にある人への対応の鉄則は、まず〝**共感し容認**〟してあげることだからです。

「アシタカのことは信頼しているし、好きだけれど、人間は絶対に許すことができない」と打ち明けてくれたサンに、アシタカは「それでもいい」と共感し、容認してあげました。

その上で、サンが受け入れやすい、こんな提案をしたのです。

「サンは森で　わたしはタタラ場で暮らそう」

その後のセリフも心憎い。

「ともに生きよう　会いに行くよ　ヤックルに乗って」

別々に暮らしはするけれど、つかず離れずの絶妙な距離にいて見守っていると、サンを安心させたのです。こんな言葉をかけられるアシタカだからこそ、ジブリファンからの人気も高いのでしょうね。

亡びの呪文「バルス」がシータとパズーにもたらしたもの

『天空の城ラピュタ』のクライマックス。ムスカによって玉座の間に追い詰められたシータとパズーは、ある覚悟を決めます。

それは、二人で声を合わせて呪文《じゅもん》を唱えることでした。しかも、シータのおばあさんから**「絶対使っちゃいけない言葉」「亡《ほろ》びのまじない」**として受け継いだ呪文を。

二人は重ね合わせた手で飛行石《ひこうせき》のペンダントを包み込むと、こう叫びます。

「バルス！」


　すると、ペンダントと天空の城ラピュタの心臓部にある巨大な飛行石が呼応するように光り輝き、ラピュタの大崩壊が始まったのです。

　突然の稲光《いなびかり》に目をやられたムスカは、降り注ぐ瓦礫《がれき》と共に奈落の底へ。

　シータとパズーも吹き飛ばされますが、運よく大木の根っこに引っかかったおかげで命に別状はありませんでした。

　この大スペクタクルシーンは『天空の城ラピュタ』のハイライトシーンでもあり、危機一髪のところでラピュタに停泊していた飛行戦艦ゴリアテから脱出したドーラたちと二人が再会できたときは、スクリーンに釘づけになっていた人たちも皆、ホッと胸をなでおろしたと思います。筆者も右に同じでした。

　亡びの呪文「バルス」は、まさに天空の城を崩壊に導くものだったわけですが、実は**「再生の呪文」**でもあったことが、この後わかります。というのも、崩壊したのはラピュタの人々が地上攻撃のために後に築いた部分だけで、大木を中心とした本体部分は残っていたからです。

重い鎧《よろい》を脱ぎ捨てるようにして身軽になった天空の城は、高く高く、空の彼方《かなた》へと飛び去っていくことになります。

二人の絆が深まった『ミラーリング効果』

ここで読者に注目してほしいのは、この最強の呪文「バルス」は天空の城を崩壊・再生させただけではなかったということです。

この呪文を唱えるのに声を合わせて叫んだことで、『ミラーリング効果』が働いて、二人の絆《きずな》はより一層深まったと思われるのです。

「ミラーリング」とは、**相手の言葉や仕草などをミラー（鏡）のようにマネること**。そうすることで相手との親密度がグッと高まるのです。人は自分と似た相手や似たものに対して、好感を抱きやすい生き物だからです。

結婚指輪の役割の一つは、同じ指輪をはめることで『ミラーリング効果』が働き、カップルの絆がより一層深まることが期待できるという点にあります。

この『ミラーリング効果』は、いい人間関係を築くのにも役立ちます。

相手が楽しそうに笑ったら、同じように笑う。相手が悲しそうな表情をしたら、同じように悲しい表情をする。それだけで、相手はあなたへの好感度を高めてくれるのですから、活用しない手はありませんよね。

心を込め、声を合わせて禁断の呪文を唱えたシータとパズーに『ミラーリング効果』が働かないわけがないということです。

二人の未来は、きっと明るいものになるに違いありません。

ポルコとジーナの「大人の恋の行方」

「ジーナさんの賭けがどうなったかは 私たちだけの秘密……」

このセリフは、『紅《くれない》の豚』の物語の幕切れで、飛行機設計技師フィオ・ピッコロのひとり語りの最後を締めくくる言葉です。

主人公の「紅の豚」ことポルコ・ロッソと好敵手のドナルド・カーチスとの決闘から時は流れ、世の中も移り変わり、空には複葉機《ふくようき》（上下に二葉以上の主翼を有する飛行機）ではなくジェット機が飛び交う時代になっています。

空から小さく見えるのは、青い海に浮かぶホテル・アドリアーノ。時代は変わってもまだ健在で、フィオによれば「ジーナさんはますますきれいになっていくし古いなじみも通って来る」んだとか。

マダム・ジーナさん、いったい、おいくつになっているんでしょう。六十代？それとも……。いやいや、女性の年齢を話題にするのは野暮《やぼ》ですよね。

フィオもホテルで夏の休暇を過ごすのを楽しみにしていて、ジェットエンジンつきの飛行艇《てい》を自ら操縦して毎年やってきているようです。

でも、気になるのは彼女の飛行艇がどうやらひとり乗りだということ。なぜひとり乗りなのか。それを考えると、十七歳だったフィオのその後の人生が様々に考えられて、ついつい想像がたくましくなってしまいます。

「ジーナの賭け」の結末が明かされなかったワケ

それはさておき、フィオがセリフの中で触れた「ジーナさんの賭け」というのは、ジーナさん本人の言葉を借りれば次のようなものでした。

「わたしがこの庭（の東屋《あずまや》）にいるとき その人（ポルコ）が訪ねてきたら今度こそ愛そうって賭けしてるの」

その賭けが成就《じょうじゅ》したのか、しなかったのか、それはフィオとジーナさん二人だけの秘密だというのです。

そして、映画はジ・エンド。なんという幕切れでしょう。そんなことを聞かされた観客は、その秘密が気になって仕方がないではありませんか。

余韻《よいん》が残って、映画館の帰りに一緒に観た人と、この〝秘密〟の話題で盛り上がったのではないでしょうか。それはきっと、監督の意図したこと。話題にしてくれれば、映画のことが口コミで広がる可能性大ですものね。

秘密にされたことを知りたくなる心理を、心理学では『心理的リアクタンス

（心残りの心理）』と呼んでいますが、心憎い演出ではありますよね。

それはそれ、二人だけの秘密にしたことで、フィオとジーナの友情はより深まったと思われます。

「永遠の謎」だから心に残ってしまう

秘密を打ち明けるというのは、特別なこと。相手は信頼できる人、この先も長くつき合っていきたいと思っている人、口が堅い人などに限られます。

一方、秘密を打ち明けられた側は「自分はこの人に信頼されているんだな」と思えるので、承認欲求が刺激されます。なんだか自分のすべてを相手に肯定してもらったような気持ちになります。

そして、「この人のことは裏切れない。秘密は絶対守らなきゃ」と、心に誓うようになるのです。

心理学では『**秘密の共有**』といいますが、秘密を守ることで二人の結束はいやが上にも固くなるのです。ですから、この秘密は余程のことがない限り、二人から漏れ出すことはないと思われます。残念ではありますが。
まあ、ジーナとポルコの「大人の恋の行方」は〝永遠の謎〟としておいたほうが、この物語らしくていいのかもしれません。なにしろジーナ自身がこう言っていますし。

「ここでは あなたのお国より
人生がもうちょっと複雑なの」

「しびれる男の友情」——ポルコとフェラーリン

『紅の豚』は、ポルコとジーナ、そしてフィオの三人にスポットライトが当たりがちですが、実は**男同士の固く厚い友情**を描いた作品でもあります。

その友情を具体的な形で表現してくれたのが、**ポルコのかつての戦友、フェラーリン**でした。

フェラーリンは、ポルコが空軍に所属していた頃の同僚で、現在はイタリア空軍の少佐になっています。ポルコのことを「マルコ」と本名で呼んでいることからも、戦友として気心の知れた仲だったことが推測できます。

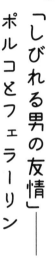

友人の多くを戦争で失ってきたポルコにとって、フェラーリンは苦労を共にした戦友であり、互いの過去を知る貴重な存在だったのです。

「あばよ　戦友」――この言葉に込められていたものは

そんなフェラーリンが最初に登場するのは、カーチスに撃墜《げきつい》された飛行艇を修理するため、ポルコがミラノのピッコロ社に身を寄せていたときでした。

ポルコが入った映画館に、遅れてフェラーリンもやってきたのです。どうやらポルコはそこで落ち合うことを密《ひそ》かに彼と約束していたようです。

フェラーリンは、ポルコが当局に追われる身であると警告すると共に、空軍へ戻るようすすめます。彼としては、空軍随一ともいえる飛行技術を持っているのに、豚の姿に身をやつし、しかも適当にでっち上げられた罪でお尋ね者になっているポルコが、心配でならなかったのです。

それをポルコは、

「俺は俺の稼ぎでしか飛ばねぇよ」

と、やんわり拒否します。

これ以上、説得しても無駄だと悟ったフェラーリンは「あばよ 戦友」という言葉を残して席を立ってしまいます。

けれど、それが最後の別れの言葉でなかったことは、後にわかります。

ピッコロ社の人々の手によって愛機の修理を終えたポルコは、フィオと共に当局の追手《おつて》を振り切り、アドリア海へ帰還するためにミラノを飛び立ちます。

その先で待っていたのが、フェラーリンの乗る飛行艇でした。

実は、そのさらに先にはイタリア空軍がポルコを狙って網を張っていたのですが、フェラーリンはそれを彼に教えるために待っていたのです。

そんなことをしたことが当局に知れたら、自分の身にどんな災いが降りかからないとも限らないのに……。

また、ポルコとカーチスが大観衆が見守る中で空中戦を繰り広げていたとき、ジーナにイタリア空軍の動きを無線で伝えたのもフェラーリンでした。イタリア空軍は二人の空での決闘の情報を手に入れ、今度こそポルコを検挙（または撃墜）しようと出撃の準備をしていたのです。

つまり、フェラーリンは一度ならず、二度三度とポルコのために骨を折ったことになります。彼のポルコに対する友情を感じる印象的なエピソードでした。

フェラーリンは自分の夢をポルコに託していた？

フェラーリンは、なぜそこまでしてポルコを助けようとしたのでしょう。

それは、「自分ではしたくてもできないこと」をやってのけているポルコに、自分の夢や希望を託したかったのだと思われます。心理学でいう『代償』の心理が働いたと考えられるのです。

これは、本来の目標が達成不可能なとき、その代わりの満足を与えてくれそうな他の目標に心を向けることで、欲求を満足させようとする心の働きのことをいいます。

フェラーリンは空軍少佐という地位こそ得ているものの、自由に空を飛ぶという権利を自ら手放していました。

今の自分はまるで「国家の御用聞き」のような仕事をしている。フェラーリンは、そんな自分に情けなさを感じていたのです。そして、自分にできないことをしているポルコに、軽い嫉妬《しっと》と憧れの気持ちを抱いていました。

そんなポルコの命を政府が狙っていることを知ったフェラーリンは、「自分の代わりに自由に空を飛んでくれている男を助けられるのは、自分しかいない」と確信したのだと思います。

ポルコを失うことは、自分の夢や希望を失うのと同じなのだと。

その思いは消えることはなかったでしょうから、フェラーリンの命がある限り二人の友情は長く長く続いたと思われます。

『風立ちぬ』の結末に涙が止まらないワケ

里見菜穂子《さとみなほこ》は、東京都・上野で育った、とある良家のお嬢様です。

一九二三年九月一日のこと。菜穂子は女中のお絹《きぬ》を連れて、汽車に乗っていましたが、正午の時報が鳴る直前、関東大震災が襲います。そこを偶然同じ電車に乗り合わせていた主人公の青年・**堀越二郎**《ほりこしじろう》に救われ、菜穂子は恋に落ちました。

しばらく再会はかないませんでしたが、後に二人は避暑地・軽井沢で運命的な再会を果たして、めでたく交際がスタートします。

ところで、『風立ちぬ』の舞台となった一九二〇～三〇年代、「結核《けっかく》」は日本人の主な死亡原因の一つでした。その高い死亡率や感染力のために「不治の病」とも呼ばれたほど。そして、当時の菜穂子も結核を患《わずら》っていたのです。

抗生物質のような特効薬のなかった時代ですから、菜穂子が軽井沢の病院で療養生活を送ったように、結核患者は高地のきれいな空気の場所で安静にしているしかなかったのです。

菜穂子は、このまま死を待つだけなのであれば、少しの間でもいいから二郎のそばにいたいと願い、病院を飛び出し、二郎の元に向かいます。

二郎もそんな菜穂子の想いを受け止め、二人は二郎の上司である黒川《くろかわ》とその夫人に仲人《なこうど》になってもらい、結婚式を挙げます。

結婚後、二人は黒川家の離れで生活していましたが、時代は決して二人に優しくはありませんでした。

二郎は、三菱に勤める零戦《ぜろせん》の設計者です。軍靴《ぐんか》の足音は日に日に大きくなり、国が求める戦闘機を設計するために、二郎は徹夜が毎日続くほどの忙しさ。一方で、菜穂子の持病は悪化の一途《いっと》を辿るばかり。二郎は、寝たきりの彼女をひとりにするのが不憫《ふびん》でなりません。

そこで二郎は、片時も離れるまいと仕事道具を菜穂子の寝室に持ち込み、夜は彼女の手を握りしめながら仕事に励むのでした。二郎の手の温もりを感じながら、菜穂子はどんなに心強く、嬉しかったことでしょう。

好きな人には「美しいところ」だけ見てほしい

でも、それが菜穂子に大きな決断をさせてしまうことになります。

その決断とは、誰にも告げずに家を出て、山へ戻るというものでした。

自分はもう十分、二郎さんから愛をもらった。今度は自分が愛を返す番だ。そのためにはこれ以上、二郎さんの足手まといになってはならない。そう心に決めたのだと思います。

きちんと片づけられた部屋に残されていたのは、三通の手紙だけ。一通はお世話になった黒川夫妻へ、もう一通はその日に来ることになっていた二郎の妹・加代《かよ》へ、そして最後の一通は愛する二郎へのものでした。

それを見てすべてを悟った黒川夫人の口から漏れ出た言葉は、観る人の胸を締めつけずにはおかなかったでしょう。

「美しいところだけ 好きな人に見てもらったのね……」

夫人は、菜穂子が毎日化粧をして紅《べに》をさし、少しでも顔色がよく見えるように努力していたことを知っていたのです。

胸が締めつけられる「あなた 生きて」のメッセージ

それにしても、悲しいシーンやつらいシーンを観ると、なぜ人は胸が締めつけられるのでしょう。〝胸が締めつけられる〟というのは文学的な表現で、気のせいなのでしょうか。

実は、心の痛みには、『ブロークンハート症候群』という、れっきとした症名があります。

アメリカのロヨラ大学の心臓内科医、ビン・アン・ファン博士によれば、『ブロークンハート症候群』とは、親族の死や失恋などの、強いストレスや感情の動きに伴《ともな》う症状であるとのこと。

別名を「ストレス性心筋症」といって、胸の痛みや呼吸困難など心臓発作と似た症状を起こしますが、それらと異なる点は、そういった症状は一時的で、時間と共に元に戻るということ。

つまり、**悲しいシーンを観て思わず胸に手を当ててしまうのは、実際に胸がキューッと締めつけられるから**なのです。

この症状の表われ方には男女で違いがあり、発症しやすいのは断然女性なのだとか。

アーカンソー州立大学の研究チームによれば、女性は男性より七～九倍も『ブロークンハート症候群』にかかりやすいのだそうです。

ただ、それだけで〝女性は繊細、男性は図太い〟とは言い切れないようです。というのも、男性の場合、配偶者の死亡による『ブロークンハート症候群』が深刻な事態につながりやすいからです。

イギリスのある保険会社の調査によれば、妻を失った夫は、夫を失った妻よりも、悲しみのあまり死に至る確率が六倍も高いことが判明しているというのです。特に、妻の死後、一年以内に夫も死んでしまうケースが非常に多いのだとか。


帰宅して、菜穂子が山へ戻ったことを知った二郎は、どれだけショックを受けたことか。アニメでは描かれていませんが、菜穂子の命のともし火は、それほど時を置かずして消えてしまったのだと思われます。

完成した戦闘機を軍のお偉方《えらがた》に披露《ひろう》する席での、魂が抜けたような二郎の姿がそれを物語っていました。

それでも、二郎が歯を食いしばって生《せい》にしがみつくことができたのは、菜穂子が手紙にこう書いてくれていたおかげではないでしょうか。

「あなた　生きて」

そう思うのは筆者だけではないと思います。

Column

「キキ&トンボ」「シータ&パズー」——二組のカップルの共通点

『天空の城ラピュタ』のパズーと、『魔女の宅急便』のトンボ——二人の少年の共通点とはなんでしょうか。

それは**〝空から降りてきた少女〟**に恋をしたこと。そして、その少女を見て、心臓が飛び出しそうになるくらいドキドキしたことです。

パズーがドキドキしたのには、理由があります。シータは、飛行石の力で空からゆっくりゆっくり降りてきたものの、それをキャッチするのにパズーは全速力で走らなければなりませんでした。

しかも、なんとかキャッチしたものの、飛行石の力が急に弱まって、それまで羽毛のように軽かったシータの体重がもろに両腕にかかって、危うく暗くて深い炭鉱の底に落ちそうになったからです。

一方、トンボは魔女の存在は知っていたものの、目撃したのは初めてのこと。しかも、キキがほうきに乗って飛んできたものですから心臓ドキドキ！　その上、その飛び方はとても危なっかしくて、お巡《まわ》りさんに捕まりそうになるほど。

機転を利かせてそれを助けたトンボでしたが、キキがお巡りさんから逃げてしまったので、慌てて自転車で後を追うはめになってしまいました。なので、追いついたときは心臓が早鐘《はやがね》を打つようにドキドキ。でもそのときは、キキに軽く無視されちゃったんですけどね。

心臓がドキドキすると恋が始まる？

実は、このドキドキが、恋をするときに重要な働きをするのです。

それが『吊《つ》り橋効果』と呼ばれるもの。

あなたもどこかで聞いたことがあるのでは？

吊り橋のような高くて揺れる場所では、恐怖や緊張で心臓がドキドキしてしまいます。そんなときに異性に出会うと、そのドキドキを脳が勝手に恋によるものだと錯覚してしまうことがあるのです。


それを実験で確かめたのが『吊り橋効果』の生みの親、カナダの心理学者ダットンとアロンでした。

教授らは、募集で集まった独身の男性被験者たちを「グラグラ揺れる吊り橋を渡るグループ」と「まったく揺れない頑丈な橋を渡るグループ」の二つに分け、彼らにそれぞれの橋を歩いてもらいました。

すると、橋の途中で若い女性が待っていて「アンケートにご協力を」と声をかけてきます。そのアンケートが終わると、女性は「結果などに関心があれば、後日電話をください」と言って電話番号を男性に渡しました。

その後の被験者たちが取った行動は、教授たちの思惑通りでした。頑丈な橋を渡った（つまり、あまりドキドキしなかった）被験者たちは、一割程度しか電話をしてこなかったのに、吊り橋を渡った（つまり、ドキドキした）被験者たちは半数以上が電話をしてきたのです。

つまり、吊り橋を渡ったドキドキを、それはアンケートをとった女性に恋をしたからだと勘違いしたというわけです。

この実験からもわかる通り、ドキドキしているときは〝ひと目惚れ〟をしやすいということ。

パズーもトンボも、出会った途端に恋に落ちたのは間違いありません。

4章

彼らの「存在感」はどこからくるのか？

「飛ばねぇ豚は ただの豚だ……」が暗示するポルコの心の傷

「飛ばねぇ豚は ただの豚だ……」

まるでハードボイルド小説にでも出てきそうな気取ったセリフ。

この言葉が飛び出したのは、アドリア海を舞台にした『紅の豚』の主人公、空《くう》賊《ぞく》相手の賞金稼ぎをして名を上げていた元イタリア空軍のエース・パイロット、ポルコ・ロッソ（「紅の豚」の意）が、ホテル・アドリアーノの女主人、マダム・ジーナと電話で会話をしているときでした。

ジーナは、ポルコからの電話に心から安堵します。というのも、ポルコが愛機の故障という不利な状況下で、賞金稼ぎのライバルであるアメリカ人パイロット、ドナルド・カーチスから機銃掃射《きじゅうそうしゃ》をくらい、愛機もろとも海に墜落して行方不明になってしまっていたからです。

二日ぶりの元気な声だったのですから、ジーナにすれば身体の具合や事の顚末《てんまつ》など訊《き》きたいことが山ほどありました。

ところが、ポルコときたらそんなジーナの気持ちも考えずに、挨拶もそこそこにカーチスへの伝言を頼んできたので、さすがのジーナもカチンときます。

「なによ 人を伝言板かなにかと思ってるの！」

そして、彼女の気持ちをわかろうとしないポルコに、ジーナが精一杯の愚痴《ぐち》をこぼしたときに出たのが、この言葉、「飛ばねぇ豚は ただの豚だ……」だったのです。

それを聞いて、ジーナは受話器を叩きつけて回線を切ってしまいます。

そう、つまり、実はそれほど気取ったセリフではなかったんですね。

どちらかというと「負け惜しみ」に近いような、自己を正当化するひと言だったのです。

ポルコの「自責の念」がジーナとの関係をもどかしくする

ポルコは、先の戦争で友を失い、自分ひとりが生き残り、その**自責の念**から容姿が豚になってしまった男。そんな自分に価値を見出すとすれば〝飛ぶこと〟しかないと思い込んでいる男でした。

自責の念とは、過《あやま》ちや無力さを「自分のせい」と思い、「自分が悪い」と自分自身を責める気持ちから逃れられないことをいいます。

この**自責の念に駆られやすい人は、なにかうまくいかないことがあったときに、まず「自分が悪いのでは?」と考えるタイプ**です。具体的には、次のような特徴があります。

①相手に迷惑をかけていると感じやすく、無意識に「すみません」といったお詫《わ》びの言葉を口にしてしまうタイプ
②責任感が強すぎて、本来自分が背負う必要のないものにまで責任を感じてしまうタイプ
③不安感が強く、人の態度や言葉の端々《はしばし》から、ネガティブな気持ちだけを敏感に感じ取り、自分のどこが悪かったのかと悩むタイプ

ポルコはきっと②のタイプなのでしょう。このタイプは、ポルコのように失敗は自分の責任と思い、成功は自分の成果とは思わない傾向があります。

ポルコの救いは、空を飛ぶという生き甲斐《がい》を失っていないこと。そして、そんなポルコを慕《した》ってくれ、サポーターになってくれるマダム・ジーナや、ポルコの

愛機をメンテナンスするピッコロおやじの孫娘で飛行機設計技師の少女、フィオみたいな女性がいることです。

そんな心強いサポーターを失わないためにも、ポルコは「飛ばねぇ豚はただの豚だ……」のような断定口調は、もう少し控えたほうがいいかもしれませんね。断定的に言われてしまうと、聞き手は反論をしにくくなってしまうからです。

まあ、でも、そんな言葉しかジーナにかけられないポルコだからこそ、物語が魅力的になっているのでしょうけれど。

千尋の「姉貴分的な存在」だったリン

八百万《やおよろず》の神々をもてなす湯屋で千尋の「心の支え」になってくれたキャラクターは、謎めいた少年ハクや、ボイラー室の管理を任されている蜘蛛《くも》のような見た目の釜爺《かまじい》だけではありません。

もうひとり、忘れてはならないのが**リン**です。

湯屋では、千尋の姉貴分《あねきぶん》的な存在で、ずっと寝食を共にしていたこともあり、実質的にはハク以上に精神的な支えになってくれていたことは疑いのないところです。

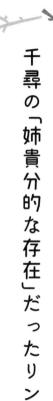

最初は、釜爺が差し出したイモリの黒焼きに釣られて、渋々、千尋を湯婆婆《ユバーバ》の元に送り届けたリンでした。でも、千尋が試練をクリアして無事に戻ってくると、こう言って態度を改めます。

「お前トロいからさ 心配してたんだ
油断するなよ わかんないことはオレに聞け な」

自分を「オレ」と呼び、言葉もぞんざい。なんだか体育会系のクラブに入ってきた新入部員に声をかける、面倒見のいい先輩のような口ぶりです。リンたちの仕事は体力勝負で、上下関係も厳しそう。だから、余計にそんな気がしてしまいます。

リンとしても、千尋は自分よりも年下ですし、なによりも自分の部下として一緒に仕事をすることになって、彼女としても張り合いができたのだと思われます。以来、リンは頼もしい姉貴分として、時には優しく、時には厳しく、千尋を見守っていきます。

奇妙な異世界に迷い込んでしまい心細かった千尋ですが、リンのおかげで随分《ずいぶん》と救われたのではないでしょうか。

それだけではありません。リンは、他の従業員と違って、自分の夢である「海のかなたに見える町」へ行くために、「いつか絶対、湯屋をやめる」というしっかりとした意志を持っていました。

千尋が次々に降りかかる試練に耐えることができ、しかも〝豚になった両親を救い出す〟という使命を忘れなかったのは、リンというお手本がいてくれたおかげかもしれません。

孤独な千尋を導いた『メンター』効果

心理学では、リンのような存在のことを『メンター』と呼んでいます。

『メンター』とは、ひと言でいえば**「心の師」**。自分自身が悩み苦しんでいるときに適切な指導やアドバイス、相談にのってくれる人物のことです。

人生に『メンター』がいるのといないのとでは、大きな違いが出ることがあります。というのも、自分ひとりの判断で物事を進めていくと、大失敗したり、大きく横道にそれてしまったりする可能性があるからです。

そんなとき、軌道修正をし、正しい道を示唆《しさ》してくれるのが『メンター』なのです。そして、時にはリンのように励ましてもくれます。

「お前のこと ドンくさいっていったけど
取り消すぞー」

この言葉が、どれだけ千尋の励みになったことでしょう。また、自分のする判断に自信を持てるようになったのも、この言葉をもらっていたからかもしれません。

もちろんハクも、リンと同じように『メンター』として千尋に大きな影響を与えましたが、「たくさんの豚の中から両親を探し出す」という湯婆婆の最終試験に、見事な判断力を示して合格できたのは、多分にリンのおかげだったのかも。

それくらい『メンター』って、重要な存在なんですね。

もし、まだそういう人物が見当たらないという人は、自分の周りをもう一度見回してみましょう。

『メンター』って、意外に身近なところにいるはずですから。

なぜ「ラピュタのロボット兵」にシンパシーを感じてしまうのか

『天空の城ラピュタ』に登場するヒロイン、シータが初めて「**ロボット兵**」を見たのは、諜報員《ちょうほういん》のムスカ率いる特務機関に捕《つか》まり、軍の要塞《ようさい》へと連行されたときでした。

ムスカによると、そのロボット兵は「天空の城ラピュタ」から落ちてきたものだといいます。

そのロボット兵が、シータの何気なくつぶやいた「困ったときのおまじない」に反応して突然動き出したのです。そして、シータを守るためにビーム砲で石の壁や扉を破壊し、空を飛び、ムスカの手から彼女を救い出します。

その破壊力はすさまじく、要塞は火の海と化します。それに対して軍も反撃。砲撃によってロボット兵はかなりのダメージを受けますが、それでもシータをかばうようにして抱きかかえ、反撃してくる敵を殲滅《せんめつ》しようとします。

でも、シータの「もうやめて！」という叫びを聞いた途端、ロボット兵は攻撃を停止してしまいます。そして、空中海賊の女船長・ドーラたちと共に、シータの救出にやってきた主人公の少年・パズーに託すように、彼女を塔の突端に静かに降ろします。

自分の役目は終わったとでも言いたげに、静かにたたずむロボット兵。その直後でした。軍の砲弾によってロボット兵が破壊されてしまったのは。

その「献身的な姿」はアガペーそのもの

「アガペー」という言葉をどこかで耳にしたことはないでしょうか。

これは、古代ギリシャ語で、**「献身的な愛」「無償の愛」**を表わす言葉です。

この言葉は「恋愛心理学」でも使われています。心理学者のJ・A・リーが提唱した『**ラブスタイル類型論**』の中の一つである『**アガペータイプ**』がそれです。

このタイプは、「恋に落ちると、自分のことよりも相手のことを最優先に考えるような、献身的な恋をしがちな人」と規定されていて、次のような傾向があるとされています。

◆デートは、自分よりも恋人がしたいことを優先して計画を立てる
◆プレゼントをするのは恋人の喜ぶ顔を見たいから。お返しはいらない
◆恋人が傷つくくらいなら、自分が犠牲になるほうを選ぶ

いかがでしょうか。シータを助けるためには自分を犠牲にすることもいとわない**ロボット兵の姿は、まさに『アガペータイプ』そのもの**です。

たぶんロボット兵の頭脳は、どんな犠牲を払ってでもシータを助けるようプロ

グラミングがされていたのだと思われますが、これほどまでの「献身的な愛」を捧げてもらえるシータは果報者《かほうもの》ですね。

実際、このロボット兵に「シンパシー」を感じる人は少なくないはずです。献身的に、そして健気にシータを守ろうとするその姿は、感動すら覚えますものね。

特に、「報われない恋」に涙した経験のある人は、ロボット兵に自分の過去の思い出を投影してしまい、目頭が熱くなってしまうのではないでしょうか。

辺境一の剣士ユパ・ミラルダの頑健さの秘密

「また村がひとつ死んだ……」

この印象的な言葉と共に、『風の谷のナウシカ』は物語の幕が開きます。

このセリフを口にしたのは、「辺境一の剣士」と評されている**ユパ・ミラルダ**。ナウシカの「心の師」とも言える存在です。

その名は隣国トルメキア帝国の武将たちにも知られており、一目《いちもく》置かれていますが、本人は争いや殺生《せっしょう》を好まない人格者で、〝風の谷〟の人々からも信頼され尊敬を集めています。

『風の谷のナウシカ』の中でも、その**存在感は圧倒的**です。

ナウシカは、このユパから剣の手ほどきを受けただけでなく、人としての生き方や教養も学んだと思われます。ユパは「腐海の謎」を解くため、トリウマ（物語に登場する架空の動物）のカイとクイを連れて旅を続けていて、各国の文化や歴史、自然科学にも造詣《ぞうけい》が深い教養人でもあるからです。

一年半ぶりに〝風の谷〟に戻ってきたユパは、ナウシカと再会。その成長ぶりに目を丸くします。そして、病床に臥《ふ》しているナウシカの父ジルの見舞いに二人で訪れるのです。

「自主的に忙しくしている人」は衰えない？

ユパにとってショックだったのは、ジルの身体が自分の予想以上に「腐海の毒」に侵《おか》されていたことでした。二人の会話からすると、ほぼ同年代と思われるのに、衰えの激しいジルと比べるとユパは頑健そのもの。その差は歴然としていました。

ユパが若々しく見えるのには、理由があります。

それは、**彼の生き方や探究心のあり方が、まさに「アンチエイジング」そのものだからです。**

アメリカのテキサス大学とアラバマ大学の合同研究によると、**充実した忙しい生活を送っている人々は、老年期にあっても、脳のすぐれた認知機能を保っている**という結果が得られたそうです。

被験者は五十歳から八十九歳までの男女三百三十人で、彼らの「情報処理速度」「ワーキングメモリー」「エピソード記憶」「推理能力」「記憶の強化」の五つについて調べました。すると、年齢や教育程度にかかわりなく、忙しいライフスタイルを保っている人のほうが、そうでない人に比べてすべての点ですぐれていることが判明したというのです。

特に、様々に関連した記憶を蘇《よみがえ》らせる「エピソード記憶」については、たとえ被験者が高齢であっても抜群の成績を残したといいます。

ただし、同じ忙しい生活でも、「その状態を強制されている人」では、認知機能の低下を引き起こすことが証明されたのだとか。

つまり、**「適度に忙しい生活の中で、自ら進んで新しいことにチャレンジする人」はいつまでも元気でいられる**ということ。

ユパは、蟲《むし》たちの棲《す》む瘴気《しょうき》に満ちた腐海の謎を解くため、諸国を旅しています。自身の問題意識のために旅を続け、哲学的思考を深めているからこそ、身も心も若々しくいられるのでしょうね。

それに加えて、長年、剣士として修羅場《しゅらば》をくぐってきたからこその風格も備わり、存在感も抜群ですから、ナウシカをはじめ〝風の谷〟の人々から慕われるのも納得ですね。

ナウシカが〝風の谷〟の人々に圧倒的に慕われる理由

〝風の谷〟の少女、**ナウシカ**が生きているのは、マスクをつけることが必須となっている世界です。

彼女たちの世界には「腐海」が広がり、そこから発生する猛毒ガス「瘴気」は、五分で人間の肺を腐敗させてしまうからです。

そんな過酷な世界で、ナウシカの父ジルが長を務める〝風の谷〟は、海から吹く風に守られているおかげで、マスクなしでも暮らせる貴重な場所でした。

でも、その平和もあっけなく崩れ去ります。トルメキア帝国の皇女クシャナが、巨大な飛行船団を引き連れて侵略してきたからです。

村人の命を守るため捕虜となったナウシカと側近たちでしたが、トルメキア帝国へ護送される途中で、トルメキア帝国に滅ぼされた国ペジテのガンシップに襲われてしまいます。

からくもクシャナの船に格納されていたガンシップで脱出したナウシカは、行方不明になった側近たちの乗ったバージ（小型の貨物機）を探します。そして、発見。でも、バージは自力では飛べず、ゆっくりゆっくり腐海へ落ちていくだけです。ナウシカは機体を軽くするために荷物を捨てるように指示しますが、側近たちは死を覚悟してこう叫びます。

「不時着して蟲に食われるのはいやじゃ
ひと思いに死にます」

そこで取ったナウシカの行動が見事でした。

ナウシカは、なんとマスクを取った上でガンシップから身を乗り出し、微笑《ほほえ》みながらこう諭《さと》すように言ったのです。

「みんな必ず助ける
わたしを信じて荷を捨てなさい！」

命をかけたその説得に、側近たちが従わないはずがありませんでした。

ナウシカに備わった「人の上に立つ人」の資質

集団をまとめるリーダーに必要な資質として挙げられるものに「率先垂範《そっせんすいはん》」があります。自らが進んで模範となるという意味です。

「やってみせ　言って聞かせて　させてみて　褒めてやらねば　人は動かじ」

これは、太平洋戦争において連合艦隊司令長官を務めた山本五十六《いそろく》の言葉ですが、これこそがまさに「率先垂範」です。

ナウシカは、それを実際にやってみせたのですね。

心理学でいえば、『モデリング』がそれに当たります。これは、上に立つ人や憧れの人の具体的な行動や言葉の使い方をマネすることが、学習者の成長や成功を促《うなが》すというもの。

ナウシカは、命を守る大切なマスクを外してみせることで、『モデリング』を促し、側近たちに荷物を捨てさせることに成功したというわけです。

この世の上に立つ人たちにも、是非、ナウシカを見習っていただきたいものですね。

サツキとメイの父親は「ポジティブ心理学」の達人!?

『となりのトトロ』でサツキとメイ、そして**父親のタツオ**が三人でお風呂に入っていたときのこと。外の強い風が家を揺らす音が聞こえ、サツキとメイはなんとなく心細いような、怯えたような表情を見せました。

そんなサツキとメイを元気づけようと、タツオは、こう言います。

「みんな笑ってみな　おっかないのは逃げちゃうから」

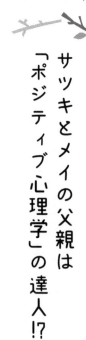

そして、三人そろって**大笑い**することで恐怖心を見事に打ち払ってしまったのでした。

仕事に二人の子育て、そして入院中の妻のケアと大忙しのタツオですが、いつも心に余裕を持ち、子どもたちを不安にさせないように振る舞う父親の姿には敬服してしまいます。

こんなお父さんなら素敵だな、頼りになるなと思った読者も多いのではないでしょうか。

「笑うと、おっかないのが逃げちゃう」のはなぜ？

人は嬉しいときや楽しいときは笑顔になります。つらいときや悲しいときには涙目になりますし、怒ったときには怖〜い形相《ぎょうそう》になっているはずです。

だったら、そのような**「感情と表情のつながり」**を逆手《さかて》にとって、ある表情を作ることで、その表情をしてしまうような感情を呼び起こすことはできるのでしょうか。

例えば、大笑いしているうちに、気持ちまでウキウキ、ワクワクしてくるというような。

それをいち早く研究したのが、アメリカの心理学者ウィリアム・ジェームズでした。

「人は悲しいから泣くのではなく、泣くから悲しいのだ」

これは、博士の有名な言葉です。

デンマークの心理学者カール・ランゲも同時期に同じ説を唱えたので、笑ったり泣いたりすれば感情が後からついてくるこの心理現象は『**ジェームズ＝ランゲ説**』と呼ばれています。

そうした感情と表情の関係については、現代の心理学においても、前述した『**表情フィードバック仮説**』として研究が続けられています。

人は、「楽しいから笑う」だけでなく「笑うことで楽しいという感情が引き起こされる」というものです。

この心理現象は、完全には証明されていないので〝仮説〟とされていますが、「笑う門《かど》には福来たる」という諺《ことわざ》は、決して気休めではありません。たとえ緊張しているときでも、笑えばリラックスして気持ちまで前向きになるのは確かなようなのです。

つまり、**サツキとメイのお父さんの「みんな笑ってみな　おっかないのは逃げちゃうから」という提案は、心理学的にも裏づけされている**ということです。

タツオは考古学の専門家ですが、心理学の勉強もしたことがあるのでしょうか。母親が入院している娘たちがさみしくならないように、明るく盛り上げようとしているのですね。

そんなタツオに育てられているから、サツキはしっかり者で、すぐにお友達もできる明るい女の子に育ち、メイも元気ハツラツに育っているのでしょう。

あなたも、もしムシャクシャした気分を変えたいのなら、まず鏡を見てみましょう。そして、口が「へ」の字になっていたら、口角を上げて口元から笑顔を作ってみましょう。鏡を見てにっこりと笑ってみるのです。サツキやメイたちのように大笑いするのもいいですね。

きっと悩んでいるのが馬鹿らしくなって、ムシャクシャした気分も次第に雲散《うんさん》霧消《むしょう》していくはずですから。

陰の支配者!? 王宮の魔女サリマン

戦争に協力するよう呼びかける国王からの通達を無視し続けるハウルに代わって、老婆に姿を変えられたヒロイン、ソフィーがハウルの母親のフリをして王宮へ赴《おもむ》いたときのことです。

植物園にあるようなガラス張りの巨大な部屋に案内されたソフィーは、そこで待っていた**サリマン**と対面します。サリマンは、王宮付きの魔法使いにして、ハウルの師匠でもある最強の魔女です。

自分のためだけに魔法を使うようになったハウルを、サリマンは「悪魔に心を奪われた」として非難します。そして、「改心して王国のために尽くすつもりがないならば、ハウルの力を奪い取る」と、ソフィーに言いわたします。

それに対して、ソフィーは「ハウルには欠点はあるものの、自由に生きたいと願っているだけ」と力説します。

その毅然《きぜん》とした態度に、サリマンが投げかけたのが、

「お母さま……ハウルに恋してるのね」

という言葉でした。

「母親が息子に恋してる」という言い回しは普通使わないため、サリマンはこの時点で、ソフィーがハウルの母親ではないことを見抜いていたようです。

そして、目の前の老婆が、実は若い十代の女の子であることも！　さすがは最強の魔女です。

しかもサリマンは、その後に部屋にやってきた国王も、実はハウルが魔法で化

けた姿であることを見抜いていました。

すべてのことを見通す力のことを〝千里眼《せんりがん》〟といいますが、サリマンはまさにその能力に長《た》けた魔女なのです。

サリマンの驚くべき『デコーディング』能力

心理学でいえば、サリマンはすぐれた『デコーディング』の能力の持ち主ということができます。

『デコーディング』とは、**相手の様子や雰囲気から気持ちを理解し推測すること**をいう言葉で、日本語にすると「解読」という意味。

人間のコミュニケーションの方法には、「バーバル（言語）」と「ノンバーバル（非言語）」の二つがあります。

言葉を交わすことで自分の思いを伝える方法を、「バーバル・コミュニケーション」といい、表情や仕草など、言葉を使わないで自分の気持ちや感情を伝える方法を「ノンバーバル・コミュニケーション」といいます。

『デコーディング』能力のある人は、相手のちょっとした目の動きや体の揺すり方、手足の動きなどの、「ノンバーバル・コミュニケーション」から、瞬時に相手の心の内を読み取ってしまいます。

「よく当たる」と評判の占い師や、「名医」の名をほしいままにしている医者に共通しているのは、この『デコーディング』能力の高さです。観察・解読能力にすぐれているので、相手が目の前に座っただけで、ある程度のことは見抜いてしまうのです。


性別でいうと、**女性の『デコーディング』能力は男性のそれをはるかに上回っています**。ある研究によると、「女性の勘《かん》」は、男性の四倍も鋭いのだとか。

なぜ、そんなに差があるのでしょう。

その理由の一つは、太古の昔から出産・育児を女性が一手に引き受けてきたからだと考えられています。

赤ちゃんは言葉を発することができません。子どもや大人と違って、「バーバル・コミュニケーション」ができないのです。

母としては、表情や仕草を頼りに赤ちゃんとコミュニケーションを取るしか方法はありません。そのため、女性は「相手の感情を読み取る能力」が発達したと考えられているのです。

「魔法界に君臨」し続けられる理由

女性が彼氏の浮気をわりと簡単に見抜けるのは、高い『デコーディング』能力のおかげです。

その点、男性は彼女の心変わりになかなか気づけません。気づいたときには、もう手遅れというケースが多く見られます。そんな悲劇に見舞われないためにも、男性はもっと『デコーディング』能力を磨く必要があるのかもしれません。

『デコーディング』能力は、自分以上に他人に関心があり、相手を思いやれる人ほど高いといわれています。

つまり、男性も今以上に他人に関心を持ち、相手を思いやることができれば、その能力を高めることができるということです。

しかも、この能力が高まれば、人間関係にも仕事にも大いに役立ちます。相手のちょっとした表情や仕草から、何を求めているのかを読み取って、的確な行動を取れるからです。実際、有能な営業パーソンほど、この能力が高いのも事実なのです。

最強の魔女サリマンは、車椅子を使っていました。体調もすぐれないようです。でも、彼女の操る魔法と『デコーディング』能力に、衰えは一切感じられません。その力がある限り、彼女は今の地位を保ち、魔法界に君臨し続けることは間違いないと思われます。

Column

ハウルが「たくさんの名前」を使いこなすのは？

荒地の魔女の呪いで老婆の姿に変えられてしまったソフィーに、「ハウルっていったいいくつ名前があるの？」と尋ねられたときのハウルの答えが次のセリフ。

「自由に生きるのにいるだけ……」

自分がなにものにも縛られず自由でいるためには、町によって名前を変えて、別人になる必要がある。だから、「町の数だけ名前もあるのさ」と言いたかったのでしょう。

確かに、ソフィーが住んでいたキングズベリーではハウルは「ペンドラゴン」と名乗っていますし、港町では「ジェンキンス」と名乗っています。

ハウル自身が「ぼくは本当は臆病者《おくびょうもの》なんだ」とソフィーに告白したように、荒地の魔女や、ハウルの魔法学校時代の先生であり、王国に仕えるサリマンから逃れるためにも、その町々で様々な顔、様々な人格になって身を隠す必要があったようです。

考えてみれば、私たちだってその場の状況や、相手によって様々な顔、様々な人格を使い分けています。

例えば、自宅では「ちょっと気を抜いた顔」、学校や会社ではその場に合わせた「建前の顔」、意中の人とのデートでは「思い切り気取った顔」、そして、対戦ゲームをしているときは自分で作ったアバターになりきった「戦闘モードの勇ましい顔」といった具合に。

意識するか否《いな》かにかかわらず、私たちもハウルと同じようにいろいろな役割を演じ分けているわけです。

深層心理学の大家カール・グスタフ・ユングは、それを『ペルソナ』と呼びました。『ペルソナ』の元々の意味は、古代ローマの古典劇において演者が顔につけていた「仮面」のこと。

それと同じように、私たちは普段の生活の中で、様々な「仮面」をつけて暮らしているというのです。私たちは社会に適応するために、出会う人の数だけ『ペルソナ』をつけ替えているのかも。

『ペルソナ』を「とっ替えひっ替え」するのは悪いこと？

でも、そんなに「『ペルソナ』をとっ替えひっ替え」して疲れないのでしょうか。

ユングによれば、それが『ペルソナ』であることを自覚できているのであれば、さほど問題はないといいます。

ユングが問題視しているのは、「舞台を離れても、その仮面を外せずにいる人」です。

どんなにフィット感のいい仮面でも、ずっとつけ続けていると息苦しくなるものです。

例えば、躾《しつけ》の厳しい親の下で育った子どもは、どうしても「いい子」の『ペルソナ』を身につけてしまいがちです。「いい子」だと、親は褒めてくれるでしょう。

でも、その子の中には「いたずらっ子」の自分や「悪い子」の自分もいるはずです。けれど、褒められれば褒められるほど、子どもは「いい子」の『ペルソナ』を分厚く硬いものにしていきます。

そしてその子は、「いい子」が自分なんだと思い込むようになるのです。

本当の自分を押し込めている息苦しさは、成長していくごとに大きくなっていきます。そして、その矛盾が上手に解消されないと、時を待たずして破裂してしまうことも。

「いい子」が急に親に反抗したり、グレだすのは、そのせいである可能性が高いです。

つまり、**『ペルソナ』は取り替えが自由に効くほうが心は健全**だということ。

ハウルがいろいろな名前を使い分けているのは「身を守る」ためですが、「心を正常に保つ」ためでもあるということです。

5章

その「ファンタジー世界」を心理分析してみると……

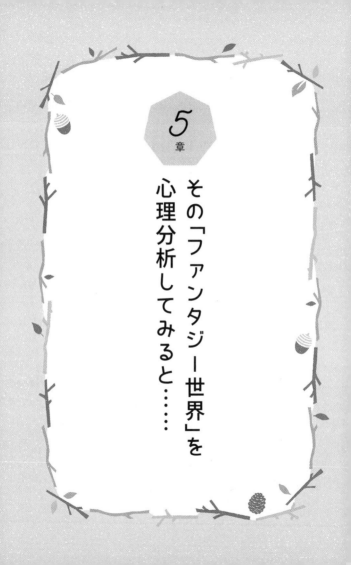

「夢だけど！　夢じゃなかった！」は誰にでも起こる!?

夢の中でトトロに会ったサツキとメイは、トトロのマネをして庭の畑に植えた種が芽を出すよう、おまじないをかけます。

するとどうでしょう。土の中から小さな芽が顔を出したと思ったら、ニョキニョキと大きくなり、あっという間に大木に。

翌朝、目を覚ました二人が畑を見に行くと、夢と同じように小さな芽が生えているではありませんか。それを見たサツキとメイが大はしゃぎで叫んだ言葉が、

「夢だけど！　夢じゃなかった！」

でした。

夢の中で起こった奇跡のような出来事ほどではなかったにせよ、夢が現実になったことで嬉しさが爆発してしまったのでしょう。

いわゆる〝正夢《まさゆめ》〟という現象ですが、そういうことが本当に起きるかどうかは、まだ科学的には解明されていません。

でも、この世には理屈では説明ができない「ふしぎなこと」がたくさん起こりますから、「単なる偶然」と片づけてしまっては、それこそ夢がありませんよね。

なぜ夢の中では「空も飛べる」のか

私たちの睡眠には波があり、一定ではありません。浅い眠り（レム睡眠）と深い眠り（ノンレム睡眠）を約九十分ごとに繰り返しています。

人が夢を見るのは、レム睡眠のとき。レム（REM）とは急速眼球運動（Rapid Eye Movement）の略で、眼球が活発に動き、脳の活動も覚醒時《かくせいじ》と同じ水準か、それ以上に高まっています。

ただ活性化する脳の領域が、覚醒時とはやや異なります。

夢を見ているときは、大脳皮質《だいのうひしつ》のうち視覚や「動きの感知」に関わる部分が活発に活動します。また、情動に関連した部分の活動も活発になります。

それとは反対に、論理的な判断に関係した領域はあまり活性化しなくなります。

つまり、**夢を見ているときは、常識というリミッターが外れて、自由で独創的なイメージや発想が生まれやすくなる**ということ。

だから、飛べないはずの私たちが夢の中では自由に空を飛んだり、時には自由に英語をしゃべることができたりするのでしょうね。

また、夢から創作や課題解決のヒントをもらった人は、歴史上の有名人だけでも枚挙《まいきょ》にいとまがありません。

例えば、『ジキル博士とハイド氏』という小説を書いたロバート・ルイス・スティーヴンソンは、見た夢をヒントに書いたことを自伝に記しており、「夢の住人ブラウニー（妖精《ようせい》）のほうが私より面白い話をしてくれる」と述懐《じゅつかい》しています。

作曲家のジュゼッペ・タルティーニは、夢の中に出てきた悪魔に魂《たましい》を売って伝授されたメロディーで『悪魔のトリル』という曲を作ったそう。

また、ポール・マッカートニーは夢で聴いたメロディーで『イエスタデイ』を作り、『素顔のままで』というヒット曲を持つビリー・ジョエルも、そのヒントは夢でもらったものだといいます。

こうした事実から考えてみても、私たちだってサツキとメイのように、**「夢だけど！　夢じゃなかった！」**ような体験ができないとも限りません。そう思うと、夢を見るのが楽しみになってきませんか。

最大の謎――ポルコはなぜ豚になったのか？

『紅の豚』での最大の謎は、やはり**「ポルコはなぜ豚になったのか？」**でしょうか。

理由は様々に考えられます。

最も説得力があるのは、かつての戦争（第一次世界大戦）で多くの戦友を失ってしまったのに、自分だけ生き残ってしまったという悔恨《かいこん》の情から、自分の身を豚に変えてしまったというもの。

映画の中でも、戦争で友を失った哀《かな》しみが、ポルコの回想として幾度も描かれます。

「いい奴は死んだ奴らさ」

と述懐するシーンからも、ポルコがいかに良心の呵責《かしゃく》を感じているかが窺えます。

マダム・ジーナの店には、ポルコと親友たちとのポートレートが飾られています。その写真に写る、まだ人の姿をしていたときのポルコの顔をマジックで黒く塗りつぶした犯人も、ポルコ自身なのでしょう。

豚になったのは、自分が侮蔑《ぶべつ》の対象であることを内外に示すのに、それしか思いつかなかったのかも（豚には大変、失礼な話ですけどね）。

そういう姿になってでも、自分に課した罪を背負って生きようと思ったのかもしれません。

「ファシストになるより豚のほうがマシ」の意味

一方で、ポルコは、

「ファシストになるより豚のほうがマシさ」

という言葉も吐いています。

世界大恐慌《だいきょうこう》が起きたのが、このお話の時代である一九二九年。不況の大波が庶民を襲うと共に、どの国も自国第一主義を取り出したことで世界中が不穏《ふおん》な空気に包まれ、きな臭いニオイが立ち込め始めています。ポルコが嫌悪した時代に逆戻りしているのです。

せめて自分は、そんな国家や時代に呑《の》み込まれたくない。そのためには豚でいたほうがマシだ。豚として自由に空を飛んでいたい。そう思ったとしても、ふしぎではありません。

それにしても、どうやってポルコは豚になったのでしょう。

魔法でしょうか？　それとも別の、例えば外科的な方法で？

自分を守るためにポルコが発動させた『防衛機制』

その謎を、無理とは知りつつ心理学的に考察してみると、それはポルコに思いっきり『防衛機制（ディフェンス・メカニズム）』が働いたからだと考えられなくもありません。

人は、なんらかの心の痛みや葛藤《かっとう》を感じると、自分を守ろうとする防衛本能が発動します。それが、『防衛機制』と呼ばれるもの。

これは、精神分析で有名なジークムント・フロイトと、その娘であるアンナ・フロイトによって確立された概念です。

ポルコのような経験をしてストレスがマックスにまで膨《ふく》れ上がると、心がパンクして下手をすると精神崩壊を起こしかねません。戦争や事故など悲惨な目に遭った人が患いやすいPTSD（心的外傷後ストレス障害）もその一例です。それを避けるべく働くのが、この『防衛機制』なのです。

それは例えば、次のようなものです。

『抑圧《よくあつ》』……不安や欲求不満を無意識に心の奥に封じ込めて忘れてしまおうとすること。ポルコは豚になることで、人間だった頃の忌《い》まわしい記憶を封印しようとしたのかもしれません。

『逃避』……困難な状況から逃げることで、自分自身を守ろうとすること。ポルコは豚になることで現実から逃避したのかも。

『合理化』……受け入れがたい感情を、もっともらしい理由をつけて納得すること。豚になってしまったけれど、これで煩《わずら》わしい人づき合いや色《いろ》恋沙汰《こいざた》から解放される。ポルコもそう思った可能性が。

『同一視』……他人やなにかに自分を重ね合わせることで、欲求不満を満足させること。ポルコは自分と豚を重ね合わせることで、心身共に帳尻合わせをしたのかも。

『補償』………劣等感や罪悪感を他の分野で補おうとすること。ポルコは空賊から人々の命を守ることで、自分の生きる意味を見出していました。

このように、様々な『防衛機制』が複層的に働いたせいで、ポルコは豚のような姿に自分でなってしまったのでは……？

さて、このちょっと強引な説を読者の皆さんは、どうお思いになるでしょうか。

「神々の食べ物」を貪り食った代償

『千と千尋の神隠し』では、奇妙な異世界に迷い込んでしまった十歳の少女・千尋と両親が、自分たちの不用意な行為で、とんでもない事態を招いてしまいます。

引っ越すために、新しい町へと自家用車で移動中、森の中で奇妙なトンネルを見つけた一家は、そのトンネルを抜け、中華街のような雰囲気の、でも誰もいない商店街へ辿り着きます。

そこで、父親がカウンターに美味《おい》しそうな料理が並んでいる店を発見。父親は母親を誘って中に入り、店員がいないのにもかかわらず、ガツガツと食べ始めたのです。

千尋が心配して「ねぇ帰ろう　お店の人に怒られるよ」と諫《いさ》めても、

「大丈夫　お父さんがついてるんだから　カードも財布も持ってるし」

と、聞く耳を持ちません。

千尋を呆然《ぼうぜん》とさせたのは、その後でした。なんと両親が豚に変身してしまったのです。この意外な展開に、目を丸くした人、恐怖を感じた人、「なぜ豚に？」と頭の中が疑問符だらけになった人……、と反応の仕方は人によって様々だったと思います。

後に湯婆婆《ユバーバ》が語ったことから推察すると、両親が豚になってしまったのは、本来は湯屋のお客さまである**八百万の神々のための食べ物を勝手に食べてしまったことで与えられた罰**のようなのです。

このシーンは、筆者にとっても衝撃でした。脂《あぶら》ぎった料理を貪《むさぼ》り食うその姿は、あまりにも醜悪だったからです。そして、我が身を振り返って猛省したくなりました。

というのも、この作品が上映されたのは二〇〇一年。千尋は十歳です。ということは、生まれたのは一九九一年で、ちょうどバブル経済が崩壊した頃。つまり、千尋の両親は筆者と同様にバブルを謳歌《おうか》してきた世代。「消費は美徳」という時代を生きてきたカップルということになります。

料理を食い散らかす姿は、まるでその世代の自分たちを投影しているようでゾッとしたのです。見ていて恥ずかしくもなりました。

「自分は大丈夫」と判断してしまう『正常性バイアス』

それにしても、なぜ両親たちは食べるのをやめられなかったのでしょう。

その理由は、『正常性バイアス』という心理学用語が説明してくれそうです。

『正常性バイアス』とは、**多少の異常事態が起こっても、それを正常の範囲内としてとらえることで気持ちを平静に保とうとする心の働き**のこと。

これは、人が日常生活を送る中で、様々な事態に心が過剰に反応して疲れてしまわないために備わっているものです。**「心のブレーキ」**のようなものと考えてください。

けれど、この働きの度が過ぎてしまうと、例えば津波警報が出ても、それを異常と認識せず、「いやいや、まだ避難しなくても大丈夫だろう」と、ブレーキを踏んだままの状態になってしまうのです。

「この程度なら大したことはない」「きっとすぐに警報は解除される」と、何の根拠もなく勝手に決め込んでしまうのが、この『正常性バイアス』の怖いところ。そのために、命に関わる大変な危機に見舞われることだってあります。

千尋の両親たちにも、このバイアス（思い込み、先入観）が働いたに違いありません。

「この程度なら勝手に食べても、店主も文句は言わないだろう」

「そうそう、なにも皿まで食おうってわけじゃないし」

そう思っているうちに、もう後戻りができなくなってしまったということです。

とんだ「気のゆるみ」から豚にされて、千尋が奮闘しなければ、あわや料理にされそうになったのですから、本当に恐ろしいものです。

千尋の両親のようにならないためにも、「自分は大丈夫」というバイアスには気をつけたいものですね。

キキが黒猫ジジと話せなくなったワケ

一人前の魔女になるために、親元を離れて修行をしているキキにとって、**黒猫のジジ**は「心の友」であり、「大切な相棒」です。

しかも、会話ができるので、普通のペットのように一方通行ではありません。悩みも打ち明けられるし、相談をしてアドバイスももらえるありがたい存在です。

知らない町で暮らすキキが、それほどホームシックにもならずに暮らしていけたのも、そばにいつもジジがいてくれたおかげでしょう。

それにしても、キキはなぜジジと会話ができるのでしょう。

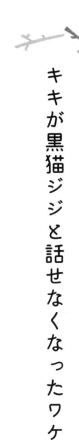

魔女には、そういう特別な能力が備わっているのでしょうか。

でも、自分には「空を飛ぶしか能がない」とキキ自身が言っていますから、魔女にだけ備わった特別な能力というわけではなさそうです。

ジジの「話せる能力」はキキの想像の産物?

そこで筆者の頭に浮かんだのが『イマジナリーコンパニオン』という言葉でした。

訳すと「空想上の仲間（友達）」となりますが、発達段階の子どもが作り出す、その子の空想の中にだけ存在する生き物のことで、空想の中で会話したり遊んだりすることができるとされています。そのため『イマジナリーフレンド』と呼ぶ研究者もいます。

そうした空想上の友達を持っている子どもには、特徴があります。

それは、実際の友達が少なく、ひとり遊び（空想遊びや、ごっこ遊び）が多いこと。そのため、ひとりっ子に出現しやすく、性別では比較的、男の子よりも女の子のほうが多いようです。キキはその特徴にぴったり当てはまりますね。

空想上の友達は、同じ年格好の子どもである場合が多いようですが、中にはジジのように子猫や子犬、また、妖精やぬいぐるみの姿をして現われることもあるといいます。

あくまでも空想ですから、親や他人には見えませんが、その子どもには確かに見えていて、遊び相手になってくれたり、アドバイスをくれたりします。

ジジの場合は、パン屋のおかみさんであるおソノさんや他の人にもその存在は見えているようですが、しゃべっているところは見たことがないので、**「おしゃべりをするジジ」はキキにしか見えていない**ようです。

空想上の友達は、自分で自分の心を慰《なぐさ》めるための存在なので、その子が成長し、友達が増えるに連れて姿が見えなくなっていきます。つまり、主に児童期だけの存在だということ。

ただ、児童期を過ぎても孤独感が強く、自分で自分の心を慰める必要がある場合は、例外的に現われることがあるようです。キキの場合もそうだったのでしょう。

ちなみに、キキ以上に孤独だったと思われるアンネ・フランクは、キティーという架空の友達を生み出して荒《すさ》みがちな心を癒していました。

彼女が記した『アンネの日記』はほぼ毎回、「親愛なるキティーへ」という一文から始まります。そして、キティーのことをこんなふうに綴《つづ》っています。

「キティーはいつも辛抱《しんぼう》強いので、この中（日記の中）でなら私の言い分を最後まで聞いてもらえる」

アンネは悲しい結末を迎えてしまいましたが、幸いなことにキキは、下宿先を提供してくれたおソノさんや、森の中の小屋で絵を描くことに専念しているウルスラ、そしてトンボといった友人知人に恵まれ始めました。キキの耳にジジのしゃべる声が聞こえなくなったのは、そのせいかもしれませんね。

大迫力！　湯婆婆の「顔の大きさ」の謎

『千と千尋の神隠し』を初めて観た人が一様に驚くのは大浴場・湯屋の主人である**湯婆婆の顔の大きさ**ではないでしょうか。

あの大迫力の顔、そしてあのギョロ目で睨《にら》まれたら、誰だってビビッてしまいます。湯婆婆を前にしてもめげずに、ハクの指示を守って「ここで働かせてください！」と連呼できた千尋を褒めてあげたいくらいです。

それにしても、なぜ湯婆婆はあんなに顔が大きいのでしょう。結《ゆ》い上げた髪の部分も含めると、身長の半分は顔です。

「顔が広い」という慣用句があります。こちらは「知り合いが多い」という意味ですが、湯婆婆は八百万の神さまたちとおつき合いがあるらしいので、相当顔が広いのは確かです。

その象徴として、顔が大きくデフォルメされているのでしょうか。

それとも……。

幼児から見ると、人間はみな「湯婆婆」に見える!?

このお話を「千尋が車に揺られながら見た夢」だと仮定すると、違う考え方もできます。

無意識の産物である夢には、意識で考えることと違って常識というものが働きません。「人間とはこういうものだ」という「スキーマ」（認知の枠組み）がないので、登場人物を自由にデフォルメできます。だから、湯婆婆を二頭身にすることぐらい、お安いご用なのです。

では、なぜ選《よ》りによって不格好な二頭身《にとうしん》にしてしまったのでしょう。
もしかしたらそれは、**千尋が夢の中で「幼児化」したせい**かもしれません。

あなたも、小さい子どもが描いた絵を見たことがありますよね。小さい子ども、特に三歳児くらいの子の絵には、ある特徴があります。それは、顔は大きな丸で、胴体がなく、顔から直接細い手足が生えていること。

発達心理学では、幼児が描くそのような人の絵を『頭足人《とうそくじん》』と呼んでいます。

私たち大人から見ると、足りないところだらけの変てこりんな絵ですが、描いた本人はなんのふしぎも感じていません。

というのも、大人が「顔」だと思っているものが、幼児にとっては「印象の全部」だからです。それだけ幼児は、人を顔中心に見ているということです。

それでも、手足がついているだけマシかもしれません。三歳以前の幼児は「錯《さく》画期《がき》」といって、なぐり描き専門でまともに丸い円さえ描けないのですから。

つまり極端にいえば、**幼児から見ると、目の前にいる人間はみんな湯婆婆のように見えている可能性がある**ということです。

十歳の千尋は、人間はこういう体形をしているという「スキーマ」ができあっているので、ちゃんとした絵が描けるはずです。

でも、夢の中ではその「スキーマ」はなくなってしまうし、三歳の頃の自分に戻ることも自在です。

だから、湯婆婆の怖い部分が強調された、まるで『頭足人』のような姿をイメージして登場人物を造形しても、ふしぎはないというわけです。

なぜカオナシは千尋にまとわりついた？

ジブリ作品には、ふしぎなキャラクターが山ほど登場しますが、『千と千尋の神隠し』に出てくる**カオナシ**ほど正体不明な怪物はいないかもしれません。

カオナシって、いったい、何者なのでしょうか。

その名の通り、カオナシはお面をかぶっていて本当の素顔はわかりません。

そんなカオナシが初めて登場したのは、千尋がハクに助けられて一緒に湯屋に入ろうと橋を渡っているときでした。他の神さまたちに紛《まぎ》れるようにして、ユラ～と存在感なさげに、でもとても印象的に千尋のそばに現われたのです。

それからのカオナシは、なぜか千尋にまとわりつきます。千尋のいるところにユラ～とやってきては、千尋のご機嫌をとろうとします。いつもひとりぼっちのカオナシは、千尋と友達になりたいのでしょうか。

でも、発する言葉は「ア……」とか「ウ……」だけ。なにを言いたいのか、なにを求めているのか、千尋にはさっぱり見当がつきません。

その言動は『永遠の少年』を象徴している!?

存在感の薄かったカオナシの様子が変わったのは、クサレ神のような様子で現われた「名のある河の主」が残していった砂金《さきん》に、湯屋の者たちが目を輝かせて奪い合いを始めるのを見てからでした。

金を出せば、誰もが大喜びして集まってくる。千尋だって欲しがるに違いない。そう思ったのか、カオナシは湯水のように金の粒を出して大盤振る舞いを始めます。

館内はもう大騒ぎ。番頭から下《した》っ端《ぱ》の従業員まで、金のおこぼれを頂戴《ちようだい》しようと、我も我もとご馳走《ちそう》を運んでやってきます。それを次々に呑み込んでいくカオナシは、どんどん巨大化。

ところが、肝心の千尋が金を受け取ろうとしないのです。「千はなにが欲しいんだ」と詰め寄っても、「わたしが欲しいものは あなたには絶対出せない」と言い切られてしまいます。すると、カオナシは「千 ほしい 千 ほしい」と駄々《だだ》をこね始めます。まるで子どもです。そう、**カオナシはまるで子ども**なのです。

心理学者のユングが提唱した概念に『永遠の少年（プエル・エテルヌス）』と『永遠の少女（プエラ・エテルナ）』というものがあります。

人の心の奥底には、「いつまでも子どもでいたい」という欲求があるというのです。

この欲求を強く持っている人ほど、大人になるのを拒否します。大人はちっとも楽しそうじゃないし、いろいろ義務があって嫌々それをしなくちゃならない。

そんな大人になるよりも、子どもでいるほうがずっと楽でいい。そう思ってしまうのです。

ピーターパンは、その欲求を全面に出して「ネバーランド」という夢の国で遊んで暮らしているところから、心理学者のダン・カイリーは『永遠の少年』でいたがる人のことを『ピーターパン・シンドローム』と名づけました。

誰の心の中にもカオナシはいる

『千と千尋の神隠し』は、千尋が眠っている間に見た夢のお話とも考えられます。そして、夢の中に出てくる登場人物は、夢を見ている本人、つまり**千尋の分身**であることが多いのです。

カオナシも千尋の分身で、しかも『永遠の少女』が実体化したものと考えると、正体が少しずつ見えてきます。

千尋は引っ越しのせいで、転校をしなければならなくなりました。仲よしのクラスメイトたちとも離れ離れになり、千尋の心は孤独感でいっぱい。車の中でふてくされていたのも、そのせいでしょう。

「大人の都合で自分はひとりぼっち。幸せだった頃に戻りたい――」

その想いがあったからこそ、夢の中にカオナシという奇妙な、孤独でまるで子どものような生き物が出てきたのではないでしょうか。

カオナシが湯屋の千《せん》に執着《しゅうちゃく》したのは、千がいろいろな困難を乗り越えてどんどん成長していくのを、なんとか止めたかったからかもしれません。お金をつんでも、**千には子どものままでいてほしかった**のです。

カオナシは自分の思い通りにならない千を襲おうともします。でも、最後はその凶暴さが消え、大人しくなってしまいました。

それは、どんどん成長していく千、つまり千尋を認めざるを得なくなったからなのでしょう。千尋は大人への階段を一歩も二歩も上がり始めていたのですからね。カオナシは、もう自分の出る幕はないと悟ったのだと思います。

Column

「結末が曖昧」なジブリ作品をどう見るか

ジブリアニメは観た後に満足感と充実感を覚える作品ばかりですが、唯一、欲求不満が残るとしたら、『風立ちぬ』以外は主人公たちの恋の行方、すなわち、「二人のその後」が描かれていないことかもしれません。

『風の谷のナウシカ』のナウシカとアスベルは、淡い恋心が芽生えた段階で、物語が終わってしまいました。

『天空の城ラピュタ』のシータとパズーは、固い絆で結ばれたはずですが、二人はまだ十三歳くらい。まだまだ幼い二人の将来は茫洋《ぼうよう》としていて、想像するのが難しいです。

『となりのトトロ』のサツキとカンタはというと、まだしばらくはクラスメイトどまりのままで、恋に発展する可能性は低そうです。

その点、『魔女の宅急便』のキキとトンボは、空を飛ぶ楽しみを共有しているので、なんだか期待が持てそうな予感がします。トンボが、キキのお父さんとそっくりなめがねをかけているのも、お父さん子のキキのハートをくすぐりそうで、恋が成就する可能性を高めています。

『紅の豚』のポルコとジーナ、フィオの三人の恋模様は、フィオが「ジーナさんとの秘密」と言っているので、詮索《せんさく》するのは野暮かもしれません。

『もののけ姫』のサンとアシタカとなると、二人は「山奥」と「タタラ場」に分かれて暮らすことになったので、さてどうなることか。

『千と千尋の神隠し』の千尋とハクに至っては、ハクが「川の主」ですから、まず再び会えるかどうかが疑問です。ハクが棲《す》んでいたコハク川は、とっくに埋め立てられていて存在しませんしね。

『ハウルの動く城』のハウルとソフィーには、ハッピーエンドを期待したいものです。それにしても、二人はハウルの〝飛ぶ城〟でどこへ飛んで行ったのでしょう。

『崖の上のポニョ』のポニョと宗介《そうすけ》は、なにしろ「人間になったばかりの女の子」と幼稚園児のカップルです。その後の展開は「神のみぞ知る」といった感じでしょうか。

このように、どの作品も「二人のその後」が描かれないまま。「二人がどうなるか」わからないものばかりです。

「完結せずに終わる」のには深い意味がある

そうなると、人間の心理には『ツァイガルニク効果』というものが働きます。

これは、**未完のままで終わったことは、完了されたことよりも人の注意を引きやすく、記憶にも残りやすい現象**をいいます。

片思いで終わってしまった恋が忘れられないのも、急逝《きゅうせい》してしまった有名人のことが世間の人の記憶に残りやすいのも、この効果が働くからです。

つまり、物語は「めでたしめでたし」で終わってしまうと、かえってつまらなくなってしまう可能性があるということ。

完結しないほうが、それだけ余韻が残り、観る人の想像をかき立てることにもなるということです。

だから、作り手は余韻を残すためにも、「二人のその後」はあえて描かずに物語の幕を降ろしてしまうのだと思われます。

ただ、ジブリアニメの巧《たく》みなところは、エンドロール（本編終了後にクレジットと共に流されるパート）で〝その後〟のヒントをくれることです。

『風の谷のナウシカ』では、〝風の谷〟が再建されていくさまが描かれていましたし、『となりのトトロ』では、お母さんが無事に退院できたことがわかります。

また、『魔女の宅急便』では、黒猫のジジが四匹の可愛い子猫の親になったことが描かれていました。

そんな細かい仕かけがあちこちにちりばめられてあることも、ジブリアニメが多くの人の心に残り続けている理由の一つなのでしょうね。

6章

なぜ、見るたびに懐かしいのか

「バス停での出会い」がトトロを名作にした

『となりのトトロ』のサツキとメイがお父さんと引っ越してきた古い家は、「里山」と「鎮守《ちんじゅ》の森」（塚森《つかもり》）の境目にありました。

里山というのは、長い時間をかけて人々が自然と寄り添いながら作りあげてきた自然環境のこと。農地があったり、ため池があったり、林や草原など多種多様な自然環境を有する一帯のことです。

鎮守の森というのは、村落の中心である神社を守り、囲むようにしてできている森のことで、**トトロの住処《すみか》がある大楠《おおくす》**もそこにあります。

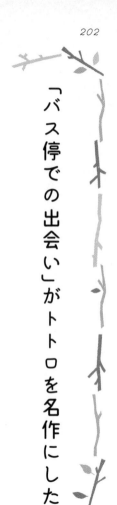

つまり、サツキとメイにとって、トトロは〝おとなりさん〟ということ。だから、タイトルも『となりのトトロ』になったのだと思われますが、理由はそれだけではないかもしれません。

サツキが初めてトトロに会ったのは、雨の降る夜でした。疲れてしまったメイをおんぶしながらバスの停留所でお父さんが帰ってくるのを待っていたサツキの〝となり〟に、トトロが現われたのでしたよね。

これは、意外と重要なことです。というのも、もし、デカい図体《ずうたい》をしたあのトトロが正面から現われたら、いくら強心臓のサツキでも、さすがに驚いて逃げ出していたかもしれないからです。〝となり〟だったから、サツキも恐る恐るではあっても、見上げることができたのだと思うのです。

なぜか会話が弾む「横並び」の心理学

人には『パーソナルスペース』というものがあります。

それは、私たちが自分の周りに無意識に張っているバリアのようなもの。他人が自分に近づくことを許せる範囲の限界、つまり「心理的な縄張り」のことをいいます。

目には見えないので普段は気づきませんが、誰かがバリアを破って必要以上に踏み込んでくると、途端に緊張したり不快な気持ちになったりしてしまいます。

駅のホームにあるベンチに誰もが間隔をあけて座ってしまうのは、互いの『パーソナルスペース』を破りたくないからなのです。

この『パーソナルスペース』の広さは心理的なものなので、気分によって広くなったり狭くなったりします。

眠ってしまったメイを背負って、雨のそぼ降る夜にバス停の脇にたたずんでいたサツキは、不安な気持ちでいっぱいです。警戒心が強くなるので、『パーソナルスペース』は思い切り広くなります。特に、目で確認できる前方への警戒心は高まるので、その分、余計に広くなります。

それに比べると、横の『パーソナルスペース』は狭いものです。警戒心も前方ほどではありません。トトロが横、つまり〝となり〟に立っていてもビックリしなかったのは、そのせいもあったのではないかと考えられるのです。

実際、知り合ったばかりの人と面と向かった状態でテーブルに座ると、緊張するし、会話もなかなか弾《はず》まないものです。それはお互いに『パーソナルスペース』を干渉《かんしょう》し合っているからなんですね。

その点、カウンター席のような横並びの席だと、あまり相手を意識せず、気軽におしゃべりすることができます。横は前方より『パーソナルスペース』が狭いので、互いの縄張りを破り合うこともないからです。

つまり、**トトロが〝となり〟に並んで立ってくれたからこそ、サツキは心を開くことができた**ということ。『となりのトトロ』には、そういう意味も含まれているのかもしれないということです。

「マックロクロスケ」は子どもにだけ見える？

日本の原風景のような里山にある古い一軒家に引っ越してきたサツキとメイ。二人が家のあちこちを探索《たんさく》していると、裏の勝手口で、うごめく謎の物体を発見します。それは黒くて丸いモジャモジャしたもので、なんだか無数にいるようです。

ちょっと怖くなった二人が「ワーッ！」と大声を出すと、そいつらは蜘蛛の子を散らすようにいなくなってしまいました。

そのことを大騒ぎして父のタツオに知らせたとき、タツオが口にしたのが**「マ**

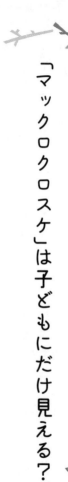

ックロクロスケ」という名前でした。

タツオによると、マックロクロスケはお化けでもなんでもなく、明るいところから急に暗いところに入ると、人は目がくらんでしまい、そういうものが目に見えてしまうものだというのです。

大学で講師をしているタツオとしては、学者らしく「一種の錯覚現象だ」と言いたかったのでしょう。

でも、それでは子どもには難しいので、「マックロクロスケ」と擬《ぎ》人化《じんか》して説明したのだと思われます。

子どもの心理『アニミズム』とふしぎな生き物たち

実は、子どもたちへのこうした説明の仕方は、心理学的にも理にかなっています。**擬人化したほうが、子どもには理解がしやすい**からです。

もともと、子どもはその成長段階のある時期（二歳頃から小学校低学年）では、すべての対象物を〝心を持つ存在〟と考える傾向があります。つまり、擬人化してとらえる傾向があるということ。

幼い子どもが自分の持っているぬいぐるみをまるで生き物のように扱い、喜んだり、泣いたり、痛がったりしていると素朴《そぼく》に信じているのはそのためです。

発達心理学では、そうした子どもの心理を『アニミズム』と呼んでいます。

おもちゃや道具を擬人化することで、そのものに対する愛着ははるかに深まりますし、「大切にしたい」という気持ちや「感謝の念」も育《はぐく》まれやすくなります。

そうした子どもたちの特性を活用して、「枕のピロちゃん」「靴下のタロとジロ」などと、部屋にあるものを擬人化してあげると、自然と大切に扱い、片づける行動へと促すこともできます。

タツオは考古学の先生らしいのですが、心理学も学んだことがあるのか、こうした「子どもの心理」についても、よくご存じのようです。

それにしても、タツオのイクメンぶりは、さすがというしかありません。大学での仕事以外に、家でも研究や執筆作業などで忙しいし、入院中の妻のケアもあります。

なのに、二人の子どもたちの世話もし、子どもたちの話し相手としても手抜きをすることがありません。小さな子どもたちの奇想天外な話にも真摯《しんし》に向き合ってくれます。

子どもを持つ世のお父さんたちは、タツオを大いに見習うべきかもしれませんね。

なぜか懐かしさがこみ上げる「トトロの里山」

『となりのトトロ』の主人公は、サツキとメイという二人の姉妹ですが、サツキを漢字で書くと「五月」、メイは英語にすると「MAY」。どちらも五月に因《ちな》んだ名前なんですね。

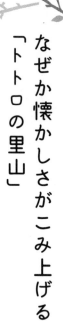

これはたぶん、作り手の意図でもあるのでしょうが、映画のオープニングで姉妹とお父さんが村に引っ越してきたのも、「五月の晴れた休日」という設定になっているように思われます。

もし、「日本で、一番心地いい時期は何月だと思いますか?」というアンケートがあったら、五月は確実にベスト3に入りそうです。

暑くも寒くもなく、六月の梅雨《つゆ》入り前で〝五月晴れ〟の日も多く、樹木は若葉で生い茂《しげ》り、様々な花が咲き乱れる五月という季節を心地よく感じない人は滅多《めった》にいないと思います。

そのせいもあってか、軽トラックの荷台で揺られているサツキとメイの顔に不安の影は一切見られません。普通、見知らぬ土地への引っ越しとなると、不安になったり、『千と千尋の神隠し』の千尋のようにふてくされてもふしぎではないのに、です。

不安になるどころか、二人がウキウキワクワクと期待に胸を膨らませていられたのは、引っ越してきた里山の美しい風景が、五月という季節のおかげで余計に輝いて見えたからではないでしょうか。

それは映画を観ている私たちも同じ。私たちもサツキとメイと同じように、「さあ、この美しく、そして心地よさそうな里山でいったいどんなことが起こるんだろう」と、心躍《おど》る気持ちになりましたもの。

それほど、五月という季節に彩《いろど》られたこの里山は魅力的でした。しかも、**なんとなく懐かしさまで覚えてしまう**からふしぎです。

なぜでしょう。

ジブリ作品に誰もが『ノスタルジア』を感じる理由

ふと過去の記憶が蘇ると、人は懐かしさを覚えます。そして、そのことをまるで追体験《ついたいけん》するかのように、イメージとして思い浮かべることもできます。

あなたも、部屋の片づけ中に古い写真などを見つけて、当時の懐かしい思い出に浸ったことがあるのでは？

懐かしいという感情を『ノスタルジア』といいますが、この感情は他の動物にはない人間特有のものだといわれています。

ある研究によると、人が懐かしさを感じやすいのは、少し気分が落ちているときなのだとか。でも、懐かしさを感じた後は、逆に少しポジティブな気分になることがわかっています。

また、懐かしいと感じるときは、他の人に支えられているという〝社会的なつながり〟を感じる度合いが高くなるという結果も出ています。

つまり、『ノスタルジア』には気分をうまく調節したり、人との絆を深めたりする役割があるということ。古い写真を眺《なが》めていると、なんだか気持ちがほっこりするのは、そのせいかもしれません。

トトロが住処としている里山や鎮守の森（塚森）を見て懐かしさを覚えたり、癒されたりするのも、この『ノスタルジア』の効果が発揮されているからなのでしょう。

でも、中には疑問を覚える人もいるでしょうね。里山や鎮守の森で遊んだ経験がないのに、なぜ『ノスタルジア』を感じるのかと。

それを説明するものとして**『仮想経験ノスタルジア』**という言葉があります。

「隣の芝生《しばふ》は青く見える」という諺があるように、人は比較したがる生き物です。

自分が生活している「今という時代」と、知識として知っている「過去の時代」も比較したがります。そして、過去の時代のほうが今より素晴らしいと思うと、その過去の時代に憧れると同時に、『ノスタルジア』を感じやすくなるというのです。

平成生まれの人が、生まれてもいない昭和時代のモノや文化に懐かしさを感じるのは、そのせいなのかもしれません。

トトロの棲む里山に懐かしさを感じて癒されるのも、その世界への憧れと『仮想経験ノスタルジア』のなせるわざというわけです。

「紅」という色に隠されたメッセージ

『紅の豚』の主人公の本名は、マルコ・パゴットといいます。

でも見た目が豚なので、マルコを目の仇《かたき》にしている空賊たちは本名ではなく「ポルコ・ロッソ」（イタリア語で「赤い豚」）というあだ名で彼を呼んでいます。

ならば、タイトルも『赤い豚』でよさそうなものです。ポルコの愛機である飛行艇の色も赤。赤い飛行艇を操縦して空を自在に飛び回るポルコは、まさに「赤い豚」ですものね。

なのに、なぜタイトルは『紅の豚』なのでしょう。

赤色と紅色は、並べて比較すると微妙に違います。紅色のほうが赤色より濃くて深い色をしています。なぜ宮崎駿監督は、そちらの色をタイトルに選んだのでしょう。

ポルコに「闘争本能むき出しの赤」は似合わない？

単純に「あかのぶた」より「くれないのぶた」のほうが、語感がよかったからかもしれません。

でも、ここは色彩心理学的に考察してみましょう。

「赤」は、エネルギーや生命力を象徴する色。また、人を興奮させる色でもあります。事実、赤は人間の運動能力や闘争本能を高める効果があることが実験でも確かめられています。

また、赤は「進出色」といって、前に迫ってくるように感じるので、人に威圧《いあつ》感を与える色でもあります。

　そうした効果があるので、戦国時代の勇猛果敢《ゆうもうかかん》で知られる武士の集団は〝赤備《あかぞな》え〟の甲冑《かっちゅう》を身に着けて戦場へ向かったのでしょう。

『紅の豚』は、世界が大恐慌に見舞われ、列強国が自国を守るためと称して戦争へと舵《かじ》を切っていく一九三〇年前後を舞台にしたお話です。まさに、世界が真っ赤に染まっていこうとする時代なんですね。

　一方、ポルコは戦争（第一次世界大戦）のせいで多くの戦友を亡くし、ひとり生き残ったことに負《お》い目を感じている男。これ以上、戦争のような愚《おろ》かな行為で大切な命を失いたくないと思っている男です。

　そのためか、ポルコは空賊の飛行艇を大破させて海に不時着させても、乗組員の命は奪わないという自分なりのルールを守って行動しています。

　そんなポルコに「闘争本能むき出しの赤」は似合わない。作り手は、そう直感したのではないでしょうか。

同じ赤系統の色でも、「紅」が持つ色彩心理的なメッセージは少し違います。夕陽が沈んで空の暗さが増すことを「くれないに染まる」と表現するように、威圧的でも攻撃的でもありません。まるでポルコの心情を表わしているような色なのです。

だから、『赤の豚』ではなく『紅の豚』にしたのではないか。筆者にはそう思えるのですが、いかがでしょう。

また、紅は「くれない」の他に「べに」とも読みます。「べに」は「唇に紅をさす」という表現があるように、女性をイメージさせます。

この物語は、ポルコと二人の女性、ジーナとフィオのちょっぴり切ない恋模様を描いた作品でもあります。

その意味でも、余計にこの作品のタイトルは『紅の豚』が似合っているように思えるのです。

「アシタカ」と「タタリ神」が伝えていること

森と林とでは、どこが違うのか。専門家によると、森は「自然にできたもの」で、林は「人の手によって植林されてできたもの」なのだそうです。

「鎮守の森」というように、昔から森には「神が宿る」とされてきましたが、人の手で汚されていない森だからこそ、神さまも安心して宿ることができたのかもしれません。

とすると、『もののけ姫』というアニメは、**「自然のままの森を守ろうとする動物たち」**と、**「森を切り開いて林にしようとする人間たち」**との確執《かくしつ》を描いた作

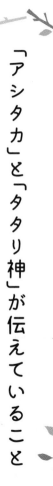

品という見方もできそうです。

『もののけ姫』の中には、森を守る側として犬神や猪神といった「動物神」が登場します。

その動物神の中の〝ナゴの守《かみ》〟と呼ばれる大猪が、タタラ場を率いるエボシの放った石火矢《いしびや》の鉄の礫《つぶて》で重傷を負い、〝タタリ神〟となってアシタカの住む村を襲ったことが物語の発端《ほったん》でした。

タタリ神とは、もとは森の守り神であった動物神が、怒りや憎しみで猛《たけ》り狂い暴走し、人間に祟《たた》りを及ぼすようになってしまった存在のこと。自然を破壊する者を憎んだがために、自らが破壊者となってしまう。哀しいことに憎しみの連鎖には終わりがありません。

主人公のアシタカは、村人たちを守るため、意を決してタタリ神に矢を放ち、その命を奪います。けれど、そのせいで右腕にまだら模様のアザができてしまいました。

村の長老で巫女《みこ》であるヒイさまによると、そのアザはやがて骨まで達し、アシタカの命を奪ってしまうといいます。アシタカは村人を救うためとはいえ、タタリ神を仕留めたことで、〝死に至る呪い〟を受けたのです。

そんな呪いを受けたら、誰だって恐怖におののくことでしょう。誰かに助けを求めたくなるでしょう。けれど、アシタカに動揺する様子は見えません。

ヒイさまは、そんなアシタカの覚悟を知るために、こう語りかけます。

「誰にも運命《さだめ》は変えられない
だが ただ（死を） 待つか 自ら赴くかは決められる」

その言葉に覚悟を決めたアシタカは、髷《まげ》を落とし、タタリ神がやってきた西の国を目指してひとり旅立つのでした。

アシタカは、自分のしたことに自分で責任を取ろうとしたのでしょうか。

アシタカは「アドラー心理学」の実践者

そういえば、〝自己責任論〟については、一時期、アドラー心理学がブームになったときに話題になったことがありました。アルフレッド・アドラーは、フロイトやユングに並ぶ心理学界の偉人のひとりです。

そのアドラーが〝自己責任〟について、こう述べているのです。

「今現在あなたが抱えている状況は、あなた自身が選択し作り出しているものであり、その選択に対しては、あなたに責任がある」

でも、だからといってアドラーは、「すべてはあなたの責任だから、あなた自身で解決しなさい」と言いたかったわけではありません。

アドラーが強調したかったのは、**「あなたのしたことだから、あなた自身で変**

えることができる」ということなのです。

つまり、**その人自身が選択したことなのだから、その選択に責任を持てば、いつでもその人自身で変えることができる。未来は自分で変えられる。**

それがアドラーの唱えた〝自己責任論〟の本質だったのです。

アシタカもきっとそう信じて、旅立ったのだと思います。

呪われてしまったアシタカの顔に悲壮感が微塵《みじん》もなかったのは、「未来は自分の手で変える」という強い意志があったからこそではないでしょうか。

ソフィーとカカシのカブが教えてくれた人間関係で大切なこと

「荒地の魔女」によって老婆に変えられてしまったソフィーは、身を隠すために町を離れ、山へと向かいます。

山を登っていて、ソフィーが感じたのは体力の衰えでした。そりゃあ、そうです。十八歳から、急に九十歳のおばあさんになってしまったのですからね。

途中で、杖《つえ》によさそうな木を見つけて引き抜いてみると、それはカカシのカブでした。でも、ただのカカシではなく、生きているかのようにピョンピョンと飛び跳《は》ねます。しかも、カブはソフィーのことを気に入ったようで、持っていたステッキをプレゼントしてくれます。

それに気をよくしたソフィーが「ついでに今夜泊まる家《うち》を連れて来てくれるといいんだけどねぇ」と無理めなお願いをすると、カブはピョンピョンと飛んで探しに行ってくれるではありませんか。

そのときソフィーがつぶやいたのが、

「年を取ると悪知恵がつくみたい……」

というセリフでした。

〝年を取る〟というと、マイナスなことが頭に浮かんでしまいがちですが、決して悪いことばかりではなく、年齢を積み重ねた分だけ生きていくための知恵も身につくものなのですね。

ソフィーも、九十歳のおばあさんになってみて、それを実感したのだと思います。

ちなみに、カカシのカブは、ソフィーのキスで「呪い」が解け、「隣の国の王子」であることが物語の後半でわかるのですが、その呪いは「愛する者（心を許せる大切な人）にキスされないと解けない呪い」だったと思われます。

「役割を交換」すると見えるもの

『役割交換法』と呼ばれる心理学的な試みがあります。

相手と役割を交換することで、自分とは異なる相手の立場を理解し、相手の意見や考えを推測したり想像したりできるようになるというものです。

「相手の立場になって考え、行動する」ことは、人間関係全般で重要なことです。

恋愛もそう。恋をすると、どうしても「あなたしか見えない」状態になりがちです。

でも、それでは一方的な愛の押しつけになったり、逆に必要以上に臆病になったりして、なかなかうまくいきません。

その点、ソフィーはもともと優しく相手の立場に立てる性格だったのでしょう。だからこそ、ハウルだけでなく「隣の国の王子」にも愛され、慕われるという、人もうらやむ展開が待っていたのかもしれませんね。

千尋とハクの絆が深まっていく瞬間

人は、生まれてから一年ほどで自分の名前を認識できるようになるのだとか。名前は自己の『アイデンティティ』を確かなものにするためにも重要なものです。

『アイデンティティ』という言葉は、アメリカの心理学者エリク・エリクソンが提唱したもので、『自己同一性』と訳されています。その意味をひと言で説明すれば、「自分らしさ」ということになるでしょうか。

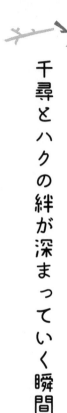

そうした『アイデンティティ』の確立に役立つものの一つが、「名前」なのです。

自分の名前とは長いつき合いですから、愛着もありますよね。それだけに、名前を口にするだけで、特別な感情が生まれます。

「名前を呼び合う」ことで湧いてくる愛着

心理学用語に『ネームコーリング効果』というものがあります。これは、自分にとって「愛着があり大切な名前」は口に出したくなるし、名前を呼ばれた側も、同じように愛着を感じる現象をいいます。

人は自分の名前を呼ばれると、なんとなく自分のことを認められた気分になり、その相手に好感を持つようになるのです。その好意が、時には愛に変わることだってあります。

試しに、『千と千尋の神隠し』で、主人公の千尋が登場人物の名前をどれくらい呼んだかをカウントしてみました。

◆湯婆婆《ユバーバ》・・・・五回
◆釜爺《かまじい》・・・・五回
◆リン・・・・六回
◆ハク・・・・四十七回

ご覧の通り、千尋がハクの名前を呼んだ回数が、桁違《けたちが》いに多いことがわかります。名前とは違いますが、千尋が「お父さん」と呼んだ回数が二十四回、「お母さん」が二十回ですから、両親を呼んだ回数の合計より、ハクを呼んだ回数のほうが多いのです。

それだけ千尋にとってハクは、かけがえのない存在だったのでしょうね。

一方で、ハクは寡黙《かもく》で、千尋ほど出番も多くはないものの、彼女の想いに応えるように、「千尋」と九回、「千《せん》」と八回、呼んでいます。

二人は名前を呼び合うことで、互いの絆を確かめ合い、深めていったことでしょう。

ハクに負けないくらい千尋を思っていたのは……

実は、ハクに負けないくらい千尋のことを「千」と呼んだキャラクターがいます。それが、千尋が働く湯屋で彼女の姉貴分となったリンです。リンは十一回も「千」と呼んでいるのです。それだけリンは千尋のことを気に入っていたし、実の妹のように大切に思っていたのでしょうね。

また、ちょっと冷たい感じもする千尋の母親ですが、彼女も「千尋」の名前を十二回呼んでいます。父親が五回なので、その二倍以上も娘の名前を呼んでいるということ。

それを考えると、一見クールそうに見えて、実は母親として娘のことをとても大切に思っている姿が透《す》けて見えます。

名前を呼ぶ回数を数えるだけで、それぞれの人物の意外な心情が見えてくるということ。

とすると、他のジブリ作品も是非カウントしたくなりますね。

二人で名前を呼び合う作品で、すぐに思いつくのは『天空の城ラピュタ』のシータとパズー。それとも『崖の上のポニョ』のポニョと宗介《そうすけ》でしょうか。

表立っては描かれていない、キャラクターの深層心理を知る抜群の手がかりになりますよ。

Column

ジブリ作品が放つ「癒し効果」

ジブリアニメは子どもから大人までが楽しめ、また感動して、時には涙してしまう作品ばかりです。

お話に深いテーマ性があり、一筋縄《ひとすじなわ》ではいかないものも多く、観返すたびに新しい発見があるのもジブリアニメの特徴です。そのせいか、子どもの頃に観たときよりも、大人になって見返したときのほうが泣けてしまうことだってあります。

さて、あなたはジブリアニメのどんなシーンに感動し、涙したでしょうか。

それは、ナウシカが子どもの王蟲《オーム》を助け、自分を犠牲にして怒りに我を忘れた王蟲たちを鎮《しず》めようとしたシーンでしょうか。

それとも、迷子になったメイがサツキと会えたときに、ほっとして泣き出したあのシーンでしょうか。

「いやいや、千尋がハクからもらったおにぎりを泣きながら食べるシーンが一番泣けた」という人もいるでしょうね。

中には、矢を射られて傷ついたヤックルが、それでも必死にアシタカについて行こうとする健気なシーンに涙した人もいるかもしれません。

人は自分にも似た経験があると、共感して余計に感動し涙してしまいます。

ですから、菜穂子《なほこ》が二郎《じろう》に黙って山に戻るシーンを観て、自らの思い出と重なって涙が止まらなくなってしまった人もいたと思います。

「悲しさの涙」と「嬉しさの涙」は味が違う

涙は、悲しいときだけでなく、嬉しいときにも、感動したときにも出るのが、ふしぎといえばふしぎです。

その**涙の味が、喜怒哀楽の感情によって変わる**ことをご存じでしょうか。

涙は、基本的に三つに分類されます。

まばたきするたびに分泌されるのが**「基礎分泌」**。異物が目に入ったことによる刺激で流れるのが**「反射性分泌」**。そして、喜怒哀楽などの感情によって流れるのが**「情動性分泌」**という種類の涙。

味が変わるのは、三番目の「情動性分泌」です。この涙は感情によって味が異なり、悔しいときや怒っているときに流す涙は、とてもしょっぱい味がします。

しょっぱさの正体はナトリウム。悔し涙や怒りの涙には、ナトリウムがそれだけ多く含まれているのです。

一方、悲しいときや嬉しいときに流す涙は、ナトリウムが少なく、薄味でさらさらとしていて、涙の量も多くなります。

そうした涙の中に含まれているのは、もちろんナトリウムだけではありません。それ以外に、さまざまなストレス要因となる物質が含まれています。なので、涙を流すことにより、ストレスを老廃物として体外へ排出することができます。

大泣きした後、気分がすっきりするのは、多分にそのせいだと考えられています。それを心理学では『**カタルシス効果**』と呼んでいます。

また、大きな声を出して泣くと、抑圧されていた感情が解放されるので、絶大なリフレッシュ効果も得られます。

「年を取ると涙もろくなる」とよく言いますが、年を取れば取るほど抱え込むストレスは大きくなります。涙もろくなるのは、ストレスを体外に排出するための自己防衛策なのかもしれませんね。

ストレス過多でどうも体調がすぐれないという方は、是非お気に入りのジブリアニメを観て、大いに涙してみてください。下手な薬より効果てきめんだと思いますから。

【参考文献】

『シネマ・コミック1　風の谷のナウシカ』『シネマ・コミック2　天空の城ラピュタ』『シネマ・コミック3　となりのトトロ』『シネマ・コミック7　紅の豚』『シネマ・コミック10　もののけ姫』『シネマ・コミック12　千と千尋の神隠し』『シネマ・コミック18　風立ちぬ』（以上、原作・脚本・監督 宮崎駿、文藝春秋）、『シネマ・コミック5　魔女の宅急便』（原作 角野栄子、プロデューサー・脚本・監督 宮崎駿、文藝春秋）、『シネマ・コミック13　ハウルの動く城』（原作 ダイアナ・ウィン・ジョーンズ、脚本・監督 宮崎駿、文藝春秋）、『風の帰る場所』『続・風の帰る場所』（以上、宮崎駿、ロッキング・オン）

本書は、本文庫のために書き下ろされたものです。

ジブリアニメを心理《しんり》分析《ぶんせき》

著者　清田予紀（きよた・よき）
発行者　押鐘太陽
発行所　株式会社三笠書房
〒102-0072 東京都千代田区飯田橋3-3-1
電話　03-5226-5734（営業部）03-5226-5731（編集部）
https://www.mikasashobo.co.jp
印刷　誠宏印刷
製本　ナショナル製本

 ISBN978-4-8379-6973-0 C0130